HISTORY
OF
AFRICA

非洲大陆简史

[英] 阿普里尔·马登 编著

林鑫妮 译

中国画报出版社 · 北京

图书在版编目（CIP）数据

非洲大陆简史 / (英) 阿普里尔·马登编著；林鑫
坭译. -- 北京：中国画报出版社，2024.3
（萤火虫书系）
书名原文: All About History:History of Africa
ISBN 978-7-5146-2304-8

Ⅰ.①非… Ⅱ.①阿… ②林… Ⅲ.①非洲 - 历史
Ⅳ.①K4

中国国家版本馆CIP数据核字（2023）第250150号

FUTURE

北京市版权局著作权合同登记号：01-2023-5578

非洲大陆简史

[英] 阿普里尔·马登 编著　　林鑫坭 译

出 版 人：方允仲
责任编辑：李聚慧
责任印制：焦　洋

出版发行：中国画报出版社
地　　址：中国北京市海淀区车公庄西路33号　邮编：100048
发 行 部：010-88417418　010-68414683（传真）
总编室兼传真：010-88417359　版权部：010-88417359

开　　本：16开（787mm×1092mm）
印　　张：11.25
字　　数：230千字
版　　次：2024年3月第1版　2024年3月第1次印刷
印　　刷：北京汇瑞嘉合文化发展有限公司
书　　号：ISBN 978-7-5146-2304-8
定　　价：78.00元

欢迎走进
非洲大陆简史

单单一本书无法完整叙述非洲历史。即使结集廷巴克图[①]所有图书馆的藏书，也很难概括非洲大陆漫长、复杂，甚至有时残酷的历史。这块大陆孕育了人类最古老的家园和世界上最年轻的国家。

非洲的历史古老、微妙而又纷繁，本书也仅仅是概述。本书涉及殖民主义的起源和持续影响，但更注重阐明古代与中世纪的历史和文明，讲述黑人英雄的故事，展示这些黑人的后代如何致力于非洲的去殖民化，并帮助非洲再次成为文明的闪耀之地。从史前至今，在非洲历史的无数高光瞬间里，你会看见强大的国王、邪恶的巫师、法老、女战士、海盗，等等。

---

① 即通布图，位于西非，是马里的历史名城。——编者注

目录

古代

人类的起源

△▽△▽

现代人类起源于非洲之角地区

作者：阿普里尔·马登（April Madden）

在非洲大陆的中东海岸，一片半岛延伸入海，与中东国家沙特阿拉伯和也门隔红海与亚丁湾相望。向东数千英里[①]能看见彼岸的印度，西面的非洲大陆向大西洋南部铺展，广袤无垠。这里地形多样，高山与平原交错；这里天气莫测，既有潮湿季风，又有干燥信风；这里低地的温度可达摄氏50度，高原地区却气候宜人。

智人，即现代人类，据说是二三十万年前在非洲之角地区进化形成的。一些人类祖先最早的化石便是在该地区发现的，例如在埃塞俄比亚西南部奥莫河附近的奥莫遗址发现了一批古老人类的骨骼。2022年，奥莫遗址被确定为约23.3万年前的遗址。

根据对周围地层的分析，我们可以推测出当

① 1英里约等于1.6千米。——编者注

时人类生活的气候为湿润多雨。尼罗河和附近的奥莫河水流湍急，随之发现的工具痕迹表明，东非中石器时代的技术水平较高。当时的土著享有丰富的食物资源，他们使用各种石制和骨制等工具进行狩猎和采集，这些工具展示了现代人类进化过程中的规划能力、抽象思维和创新行为。他们还富有创造力，通过雕刻石头和贝壳来创作艺术品，用红赭石绘画，甚至还会佩戴珠串。发现的针和皮革工具表明，早期东非现代人类用箭和长矛狩猎动物，再用猎物的皮毛搭建住所或缝制衣物。为了利用附近的河流和获取海洋中丰富的食物，他们还会制作渔网。在这个阶段，他们很可能已经开始使用复杂的口语来描述他们的活动计划、思想和感受。

如今，一般认为现代人类 "走出非洲" 是一系列漫长、连续的迁徙活动，而非一次性的大规模扩散。但就是在这里——古埃及人称为 "神之国度" 的地方——现代人类开始了他们最初的生活。

▲ 在埃塞俄比亚奥莫河岸发现了最早的现代人类化石

·9·

古埃及成为文化和宗教中心。

古埃及朝代更迭

△▽△▽△

时移世换，历经古王国时期、
中王国时期和新王国时期，
法老权势日趋鼎盛，埃及文化日益繁荣

古埃及在朝代更迭中延续了约3000年，从战火迭起、藩国分裂的废墟中崛起，逐渐统一、独立，强大到甚至震撼邻国，从而成为文化和宗教的中心，科学与巫术一体共生。

在亚述人到来、波斯人入侵，被希腊人征服、罗马人吞并之前，古埃及人自我兴盛、自我衰落。古埃及历史大致可以划分为三个时期：古王国、中王国与新王国（中间有三个黑暗时期，被称为中间时期）。古王国时期，文化复兴，建筑业繁荣，人们建造了无数千年长存的标志性建筑。随后的中王国时期，国家复又统一、重建。最终，新王国时期，王国积极扩张，文化空前发展。

古埃及不仅进行军事征服和扩张，还不断创新。古埃及人发明了早期的化妆品，创造了书面语言，创制了莎草纸，设计了我们今天仍在使用的基本历法，甚至发明了保龄球和早期的薄荷糖。

总之，这是一个神秘复杂的民族。神明、法老、金字塔、木乃伊、农业，等等，都让古埃及成为人类历史上最迷人的文明之一。

古埃及的军事扩张使新的文化元素融入社会，例如马匹和战车。

古王国时期

佐塞（Djoser，公元前2670年—?）

在古王国初期统治埃及的所有国王中，法老佐塞可能是最有影响力的。诚然，他没有像纳尔迈那样统一埃及，但他的统治体现了贯彻古埃及历史的两大特征：一方面，佐塞发起军事行动，巩固并扩大了帝国的疆域，同时促进了民族文化的发展；另一方面，他建造了埃及第一座金字塔——位于塞加拉的阶梯金字塔，继任的法老纷纷效仿。

中王国时期

蒙图霍特普二世（Mentuhotep II，公元前2061年—前2010年）

经历古王国时期的繁荣和扩张之后，王国分裂。这段短暂的黑暗时期被称为第一中间时期，此时，埃及分裂为两个相互竞争的王朝。下埃及由第十王朝统治，上埃及则由底比斯王朝统治。蒙图霍特普二世在位约14年后，不满足于这种局面，于是向下埃及的首都埃拉克雷奥波利斯发起进攻。最终，他击败敌对势力，统一了两个王国，成功开启了中王国时期。

新王国时期

拉美西斯二世（Ramesses II，公元前1279年—前1213年）

也许图坦卡蒙才是最知名的法老，但与拉美西斯二世的权势、影响和成就相比，图坦卡蒙的统治不过是"恒河一沙"。拉美西斯二世是第十九王朝的第三位法老，他让本就繁荣的王朝更加辽阔和显赫。他扩张疆域，征伐迦南，征服从努比亚人及黎凡特人。此外，拉美西斯二世筑造了诸多古碑与古庙，甚至还建设了都城皮拉美西斯。

古王国时期

古王国时期万物复兴，它见证了世界上第一个法老、王朝和金字塔的诞生。

在古王国之前的史前王朝（或称为原始王朝），埃及发生了某种政变。王国分裂，每块领土都有自己的领主和统治者。南北的习俗文化各不相同，南部首都是耶拉孔波利斯，北部则是贝斯。

▲ 第四王朝法老胡夫（Khufu）在监督吉萨大金字塔的建设

▲ 古王国时期的墓葬艺术

20世纪的考古发现令我们彻底改观。例如，纳尔迈的崛起与第一王朝的建立并非一蹴而就。埃及本来是分裂的，上埃及相对富庶，它的三个主要城市——提尼斯、奈肯和纳卡达——接连被征服或被合并，直到公元前3100年前后，埃及才成为以纳尔迈为首的统一国家。在这之后的两个王朝被称为早王朝时期，古王国的雏形也逐渐显现。孟斐斯成为首都，阿拜多斯成为宗教中心，建筑和艺术都开始接近最经典的埃及形式。

大约公元前2686年，随着埃及第三王朝的建立，古王国时期到来。"古王国"一词由18世纪的历史学家提出，广义上指埃及文明三大高峰中的第一个，狭义上通常指"金字塔时代"。从第三王朝的第一任法老佐塞，到第六王朝的最后一任国王内杰卡尔·西普塔（Netjerkare Siptah），埃及逐渐成为一个文化和军事强国。

金字塔是这个时代的象征，这不朽的标志始建于佐塞时期。他的宰相兼心腹伊姆霍特普（在后世被传为半神和医神）是佐塞金字塔的设计师，他的建筑设计是古埃及工程学的重大飞跃。在佐塞之前，国王们都葬在一种长方形的平顶陵墓"玛斯塔巴"中。但第三王朝的建立者渴望实现死后的永生，并希望通过建造一座与神圣统治者相称的陵墓来实现这一愿望。伊姆霍特普破天荒地将方形的"玛斯塔巴"堆叠成金字塔状，这座宏伟的陵墓象征着古埃及人对死亡的永恒敬畏。

佐塞的追随者纷纷效仿。第四王朝（公元前2613年—前2494年）的国王开始建造一批新的金字塔。这是古王国时期的"黄金时代"，社会安定和平，经济蓬勃发展。同古埃及每一个和平时期一样，建筑的热潮席卷全国。

古埃及的第一位法老

谁统一南北，为古王国奠基？

古王国时期是埃及第一个真正意义上繁荣进步的时代，但一切的辉煌都离不开统一王朝、开创法老执政的开国国王——纳尔迈。与新石器时代之后改变历史的众多领袖一样，他也是一个谜团重重的传奇人物。不论如何，纳尔迈在第一王朝初期的执政与决策为后来的王朝开创了先例。

公元前31世纪的某段时间，纳尔迈首次统一了上下埃及。鉴于该事件所发生的时期太过久远，通常我们只能从墓葬考古发现或是相关专家分析中获取有效信息。

阿比多斯古墓上刻有关于法老卡阿、法老登（这两位据说曾在纳尔迈之后统治第一王朝）的印记，其中甚至有份以纳尔迈为首的古代国王名单。此外，佐塞的阶梯金字塔墓中发现了致敬纳尔迈的石制花瓶，这或许是他与纳尔迈之间的某种联系。然而，一些历史学家认为开国国王是美尼斯，而非纳尔迈，另一些人则认为美尼斯就是纳尔迈，甚至有人认为传说中蝎王的原型也是纳尔迈。总之，目前这些说法都没有切实证据。

第四王朝的第二任法老胡夫留下了鼎鼎有名的文化遗产——古代世界七大奇迹之一的吉萨大金字塔。这座建筑历时20年建成，高146.5米，比萨卡拉金字塔还壮观。后来这里成为许多金字塔和神庙的所在地，被称为"吉萨墓地"。吉萨大金字塔是埃及金字塔设计的顶峰，在此后3800年间一直是最高的人造建筑。它见证了法老的权势兴衰与众多埃及神灵的力量延续。

古埃及第五王朝（公元前2498年—前2345年）期间，神学脱离王权而独立，并发生巨变。神灵的声望起起落落。某些邪教的地位日益突出，太阳神拉（Ra）和冥王奥西里斯（Osiris）的声望显著上升。这一时期，经济蓬勃发展。黑檀、黄金、没药和乳香等商品源源不断地涌入；埃及还与黎巴嫩和蓬特（今索马里）达成协议，进一步扩展外贸。这个时代可谓太平盛世，雄厚的经济实力一直延续到第六王朝（公元前2345年—前2181年）。同时，在墓室中铭刻咒符和咒语的做法日益流行，《亡灵书》（*Book of the Dead*）正是基于这些"金字塔铭文"而著的。

古王国时期，首都孟斐斯拥有强大的集权政府。

▲ 据说，吉萨的狮身人面像建造于第四王朝法老胡夫执政时期

中王国时期

古埃及再次分裂，复又统一，绝处逢生，成为军事和文化强国。

在古埃及历史上，每有一段伟大、不朽和成就斐然的高峰期，就有一段政府崩溃、领土分裂和国家陷入死寂的低谷期。古王国末期，随着王室实权的削弱，埃及陷入一个不稳定的时期。这就是所谓的第一中间时期。

更糟糕的是，法老的权力分裂，两个敌对王朝——第十王朝（首都设在下埃及的主要城市，埃拉克雷奥波利斯）和第十一王朝（首都设在上埃及的城市，底比斯）——开始争夺权力。冲突持续了125年，直到底比斯法老蒙图霍特普二世上位。

公元前2055年，蒙图霍特普二世成为上埃及国王。随后，他目睹了第十王朝因内讧和定期暴动而动荡不安的全过程。蒙图霍特普二世在执政的第14年，趁埃拉克雷奥波利斯叛乱不断，当机立断攻取该城，几乎不战而胜。第十王朝师老兵疲却仍垂死挣扎，蒙图霍特普二世继续平息纷乱，而后统一王国。

统一埃及后，蒙图霍特普二世足足花了21年才使上埃及、下埃及步调一致。他首先开展了一系列军事行动，收复在第一中间时期失去的领土。然后一路南下，来到努比亚第二瀑布，这里早就已经脱离殖民者而独立。蒙图霍特普二世将努比亚人打得落花流水，重新接管了西奈地区。在那个群龙无首的时代，这无疑是一种权力宣告。

▲ 中王国时期的贝尼哈桑石墓，古埃及墓葬遗址

▲ 中王国时期的木工车间，一群古埃及男人正在制造木棺

蒙图霍特普二世统一埃及，巩固王权，开创了中王国时期，最后将王位传给了他的儿子蒙图霍特普三世。相较大多数法老而言，蒙图霍特普三世的任期十分短暂（只有12年），但他进一步加速了统一，包括远征夺回蓬特（埃及的老贸易伙伴）。这之后，蒙图霍特普四世继任。但除统治者名字准确之外，关于这段历史的资料都很模糊，也许是因为其在位年限短暂，又或是因为中王国和新王国时期的陵墓中的国王名单经常没有他。比方说，《都灵纸草》（又称《都灵王表》）详细描述了蒙图霍特普三世死后的"七年无王期"，但对"无踪国王"（即蒙图霍特普四世）却只字未提。一些细节表明，此时可能发生了某种政变。

不过，在古代大型矿区哈马马特干谷的考古发现，记录了蒙图霍特普四世为建纪念碑而准备的采石探险，这切实证明了他的统治。并且，记录中探险队的指挥官是当时的宰相阿蒙涅姆赫特（Amenemhat）。这位指挥官与蒙图霍特普四世的继任法老阿蒙涅姆赫特（Amenemhat）同名。我们无法断言他俩是同一个人，但可能性极大。

阿蒙涅姆赫特一世上位后，他首先将首都迁回孟斐斯（古王国时期的首都），并组建了一支常备军（他的继任者也一直保留着军队）。新国王开始加固边防，尤其是埃及和亚洲之间的边界，他还在东三角洲修建了"统治者之墙"。事实上，阿蒙涅姆赫特一世在埃及各地都重修或新建了防御工事，军事战略由扩张转为简单的防御。

后来，阿蒙涅姆赫特一世与儿子辛努塞尔特一世共同执政。阿

中王国时期，尼罗河水位的上涨促进了农业发展，提振了经济。

蒙涅姆赫特一世被自卫兵暗杀后，辛努塞尔特一世继任。他发起了一系列更大规模的军事行动，并且也同儿子阿蒙涅姆赫特二世共同执政。阿蒙涅姆赫特二世对王国的统治相对平静，并延续传统，与儿子辛努塞尔特二世共同执政。辛努塞尔特二世将主要精力放在对王国的维护上，在拉罕建造了一座金字塔，并试图将法尤姆绿洲改造成耕田。

后来辛努塞尔特三世上位，在他的独裁统治下，中王国的权力和影响力达到了顶峰。这位新国王与其他国王都不同，他渴望扩张，渴望征服新的土地。他往王国北部调兵遣将，无情地攻打努比亚人并掠夺他们的领地。

辛努塞尔特三世的继任者阿蒙涅姆赫特三世因其激进的建筑方式而闻名于世。他利用该国的石灰石和砂岩采石场，前所未有地开始了一项横跨整个王国的大规模建造计划。有关阿蒙涅姆赫特四世的统治记录不多，但有关其继任者塞贝克涅弗鲁的不少，她是埃及历史上第一位有记载的女性统治者（尽管在位仅4年）。

中王国时期的封建政府

▲ 阿蒙涅姆赫特一世的金字塔始建于底比斯，但后来它与首都一起搬到利什特。目前尚不清楚原因

在之前的古王国和之后的新王国，法老的统治都是绝对的。虽然祭司、贵族甚至王后都可以在征得法老同意后代其行事，但在大多数情况下，法老只需对神灵负责，对国家拥有绝对的权力。然而，当古王国分裂为两个独立的王朝后，这种绝对的统治受到了威胁。两个王朝争权夺利，王国正常的权威结构荡然无存。

在法老崛起之前，整个国家被划分为许多个诺姆（小的统辖城邦），每个诺姆有各自指定的诺马克（城邦首领）。法老必须首先统一这些独立的城邦，才能最终统一埃及。

然而在统一之后，诺马克并没有消失，20个驻扎在下埃及，22个驻扎在上埃及。不过，他们的职责有所改变，此时更多是作为地区官员直接向王室汇报。进入第一中间时期后，这些诺姆开始重获自治权。到了中王国时期，王室与诺马克的矛盾激发，因为诺马克一职是世袭的，并非由国王决定，而多部落之间的联姻深化了这一传统。但为了维护王国的和平，阿蒙涅姆赫特一世被迫同意与诺马克结盟，由此形成了一种奇怪的封建制度，这种制度一直持续到辛努塞尔特三世统治时期。

新王国时期

古埃及最后一个伟大时代是经济发展、城市建设和军事扩张的时代。

从公元前16世纪到公元前11世纪，新王国见证了古埃及的变革。"战士国王"的剑下，疆域不断扩张，在新的经济繁荣中，王国从头重建。文化日益兴盛，艺术蓬勃发展——这是古埃及的巅峰时期。

新王国之前经历了另一个断裂时期，即第二中间时期。公元前16世纪初，一个小的部落喜克索斯开始在三角洲（汇入地中海的河道和支流群）的肥沃土地上定居。底比斯的法老后知后觉，但为时已晚。喜克索斯人是可怕的战士，拥有先进武器——主要是战车和强大的复合弓。第十五王朝建立并延续了150多年，但喜克索斯人的存在将埃及一分为二。上埃及由王朝统治，下埃及则受制于喜克索斯人。国王们曾多次试图打败他们，但想打倒老练的战斗部落并非易事。直到第十八王朝的首任法老阿赫摩斯一世上任，局面才有所改变。他目睹了家族驱逐喜克索斯人的失败，于是组建了一支庞大的军队，连年累月地向边境猛烈进攻，最终赶走了侵占国土的喜克索斯人。古埃及开始恢复昔日的荣光。

古埃及统一后，第十八王朝的建立者发起了一系列大规模的军事行动，扩展了疆域，并收复了第二中间时期的失地。这些军事行动也促进了经济发展，阿赫摩斯一世下令重新推动神庙和纪念碑的建设，国家焕然一新。

▲ 卡纳克阿腾神庙中的阿肯那顿雕像

▲ 新王国时代随着拉美西斯十一世的去世而结束，古埃及繁荣不再

其后的国王和王后实现了阿赫摩斯一世恢复埃及昔日辉煌的愿望。阿蒙霍特普三世以前所未有的规模重建了纪念碑、陵墓和雕像，令重获新生的艺术文化更加繁荣。

哈特谢普苏特女王是新王国时期获得法老称号的第一位女性，她致力发展经济，并远征蓬特和其他贸易站。图特摩斯三世创建了有史以来法老组建的最令人印象深刻的军队之一，并利用这支军队，通过一次又一次的征服行动扩大了埃及的疆域。

第十八王朝是一个多线发展、全面成功的时代，但也并非一帆风顺。阿蒙霍特普四世统治时期的国家便混乱不堪。这位国王又名阿肯那顿，是一个宗教狂热信徒，他蔑视阿蒙神（底比斯的守护神）教会的力量，不相信埃及自古以来的多神教习俗。除了自己选定的阿腾神，他取缔了所有其他神的崇拜，迫使国家陷入大规模的宗教动荡。他在位仅16年，但对国家造成了重大危害。这场动乱遭到了普遍鄙视，包括阿肯那顿的儿子、继任法老图坦卡蒙在内，众人都批判他为"异端法老"。而这之后，古埃及重回正常轨道，再现昔日荣光。

随后的第十九王朝令古埃及的繁荣更上一层楼。著名法老拉美西斯二世继承了图特摩斯三世组建的强大军队，并发动了一场军事战役，推动古埃及进入强盛时期。他有许多子女（但大多数不如他长寿），并在帝王谷修建了巨大的陵墓。

拉美西斯二世使国力更加强盛，而第二十王朝的拉美西斯三世却因失败的军事战役和防御工事消耗了国库，从而削弱了国家。也正是他对王室的管理不善，最终导致新王国和整个法老家族都日渐式微。

接下来发生了什么？

在新王国时代结束之后，
这个古老的文明将面临什么？

　　新王国时代结束后，古埃及进入"第三中间时期"，法老们的权力随着政治内斗而开始衰落。这一时期分为三个阶段，持续了约350年。

　　第一阶段，国家由第二十一王朝（控制着下埃及）和底比斯的阿蒙大祭司（统治着中上埃及的大部分地区）共治，相对而言，两股势力算是融洽共存。

　　第二阶段，随着第二十二王朝和新国王舍顺克一世的崛起，古埃及重新统一——约公元前945年利比亚人从东三角洲扩张，进而控制整个古埃及。利比

亚人曾经是古埃及人的死敌，现在他们却统治着古埃及。公元前850年，仍处于第二十二王朝时期的古埃及再次动荡，到公元前818年，与之对立的第二十三王朝兴起，古埃及随后又分裂为多个交战国。

　　最后，古埃及遭受了努比亚人长达25年的入侵。随后，古埃及宏伟的本土历史被亚述、波斯和希腊的入侵所掩埋。简而言之，古埃及脱离了三个王国时期稳定的中央集权结构，最终在外来人的统治下艰难续存。

库施王国

库施王国南邻埃及，延续了一千多年。
它在向北推进的过程中建立了古埃及第二十五王朝

作者：威尔·劳伦斯（Will Lawrence）

当罗马还只是台伯河畔的村庄、希腊还只是狭小的城邦时，库施王国已经强大到统治了从苏丹中部一直延伸到巴勒斯坦边境的土地。库施王国的统治者们经历千年万载，跨越了雅典、斯巴达和马其顿的黄金时代，见证了罗马帝国的兴衰。

尽管古埃及一度落入库施人的控制之下，但历史上的库施王国还是一直被古埃及的光芒所掩盖。最终，库施人被亚述人逐出埃及，他们的故乡逐渐沦为边缘之地，正如历史家所说："库施人逐渐发现自己处于尼罗河谷的死巷，其出口总是被北方强国阻挡。"然而，库施文明经久不衰，居民生活富足。今天，库施王国旧址通常被称为努比亚，其名称来源于4世纪库施王国最终崩溃时迁入此地的人民。

库施王国的前身是一个建于公元前3世纪的强国，它利用尼罗河中游作为贸易通道，将南方的黄金和珠宝等丰富物资运往北方的消费市场。这条贸易路线流经克尔马，克尔马位于今尼罗河第三大瀑布的上游。直到在公元前1750至前1650年，一个名为喜克索斯的民族在尼罗河三角洲崛起，繁荣昌盛的克尔马才出现了危机。

皮耶率领库施人民进军埃及，建立了古埃及第二十五王朝。

库施国王

大多数库施统治者的形象都很模糊，但下面几位国王的形象还是比较清晰的。

卡什塔（Kashita）

公元前8世纪中期

卡什塔是纳帕坦帝国的第二位国王，他大力推动王国向古埃及扩张，为后来的第二十五王朝奠定了基础。他死后被埋葬在库尔鲁的皇家金字塔中，他唯一已知的妻子是佩巴提玛。

皮耶（Piye）

约公元前752—前721年

皮耶作为卡什塔的继任者，成功入侵古埃及，并成为第二十五王朝的第一任法老。他的统治时长不明，但极有可能不超过31年。

塔哈尔卡（Taharqo）

公元前690—前664年

塔哈尔卡是皮耶之子，领导了库施王国历史上的一段繁荣时期，也证明了自己是一位能征善战的统治者。在亚述人挥舞着铁棒入侵古埃及时，他竭尽全力抵抗，尽管武器落了下风，但他的部众至少取得了一次著名的胜利——公元前674年击败了亚述人。

坦沃塔马尼（Tanwetamani）

公元前664—前653年

坦沃塔马尼是塔哈尔卡的侄子，从亚述人手里夺回了对埃及的控制权，并重新占领了古埃及全境（包括孟斐斯）。然而亚述人的回击迅速且致命，他们又重新征服了古埃及。

阿斯佩尔塔（Aspelta）

约公元前600—前580年

第二十五王朝灭亡后，库施王国进入灰暗的时期。有人认为，正是亚述人北下入侵，才促使阿斯佩尔塔将库施王国的首都从纳帕塔迁往麦罗埃。

起初，克尔马人与喜克索斯人结盟向北推进，攻占了古埃及第二瀑布要塞。然而，阿赫摩斯一世（公元前1570—前1546年在位）重新统一了古埃及，并在战斗中击败了喜克索斯人。随后，古埃及新王国针对克尔马人的掠夺进行了报复，克尔马王国被粉碎；法老图特摩斯一世和图特摩斯三世先后在该地区派驻了军队。为了纪念图特摩斯一世的战役，其子图特摩斯二世监督了著名碑文的撰写，碑文还记述了他推翻"可恶的库施"的后续。

库施位于从古埃及到红海的贸易路线上，地理位置优越。在古埃及人的控制下，一种受北方埃及人和南方民族影响的综合文化在库施兴起。然而，古埃及并不能一直保持对库施的控制，到公元前9世纪，法老殖民统治的痕迹所剩无几了。

关于库施早期统治者的资料很少，除了公元前8世纪的卡什塔之外，我们只知道阿拉拉和阿里，但他们似乎是同一个人。卡什塔领导库施向古埃及扩张，他虽然身处喀土穆（今苏丹首都）以北约300英里的纳帕塔，却在古埃及享有相当大的影响力。事实上，卡什塔将统治范围扩展到了底比斯和埃利芬提尼。其继任者皮耶继续向古埃及大举进军，并建立了埃及第二十五王朝。库施王国从公元前744年到前656年一直统治着埃及（有时局部，有时全境）。

库施紧靠古埃及，与其有着悠久的历史联系，因此这一阶段的库施文化难免与古埃及文化相似。当然，库施国王进入古埃及时似乎"并不是作为野蛮的征服者"，而是"作为悠久法老传统的拥护者"。至少在第二十五王朝时期，阿蒙神是库施王国的伟大神灵。这位神灵自公元前2000年以来一直护佑着古埃及。

根据古希腊历史学家狄奥多罗斯所记载，祭司首先从最英勇的库施人中挑选出国王候选人，然后由神灵作出最终抉择。国王和祭司之间似乎是存在冲突的，麦罗埃（后来首都所在地）的祭司甚至能够决定国王何时死亡，但这并不一定准确。

军队非常重要——古埃及人似乎认为库施人是优秀的弓箭手和骑兵——但关于军队的资料十分匮乏，我们并不清楚它是专业军团还是随需召集的民兵。根据现有资料，有些统治者并不随军作战，而有些则随时准备作战，如塔哈尔卡（约公元前690—前664年在位）和阿基尼达（曾与罗马人交战，但在位日期不详）。

古希腊历史学家希罗多德记载了5世纪初入侵希腊的薛西斯军队中的库施士兵，称他们使用标枪和棍棒作战，还会在战前往身上涂抹白垩和红赭石。库施军队可能像迦太基人一样使用战象，而在库施艺术作品中也确实出现了大象。库施军队的作战水平难以评估，因为尽管第二十五王朝覆灭，库施人被亚述人逐出古埃及，但战士们至少取得过一次著名的胜利——在公元前674年击败了挥舞铁棒的亚述人。

2011年，库施王国首都麦罗埃入选联合国教科文组织世界遗产名录。

▲ 壁画中拥有三头四臂的人是库施战神阿佩德马克

▲ 阿曼尼托尔，库施女王之一

▲ 库施人也祭拜古埃及的阿蒙神

▲ 在供奉阿蒙神的神庙遗址中发现的浅浮雕

现存的艺术作品表明，库施人皮肤黝黑，而且后期的女性似乎以雄壮为理想体型，虽然绘制的女神形象很苗条，但同期的人类女性却相当魁梧。塔哈尔卡在位超过25年，去世时46或47岁；当时平民的平均寿命不超过30岁。

库施人被亚述人赶出古埃及，把首都从纳帕塔南迁到了香迪附近的麦罗埃。他们来到尼罗河中游地区，并统治此地长达800多年，在阿斯旺贫瘠山丘的保护下，即使邻国古埃及的文化受波斯、古希腊和古罗马文化的波及，库施文化也仍保留着其独特的埃及—努比亚风格。库施人保留并发展了独特的库施语言，还在接纳古埃及神灵的同时保留了自己的神灵，如阿佩德马克、塞比梅克和阿瑞斯努菲斯。他们也会将统治者埋葬在金字塔中，尽管金字塔的构造与古埃及人的有些不同。

然而，库施王国随后逐渐衰落。公元350年，阿克苏姆国王从埃塞俄比亚高地南下，摧毁了麦罗埃，洗劫了尼罗河沿岸的城镇，强盛一时的库施王国就此灭亡。

▲ 麦罗埃金字塔

阿克苏姆成为撒哈拉以南第一个铸造钱币的王国。

▲ 最大的阿克苏姆方尖碑高达33米，由整块花岗岩制成，是古代最大的巨石之一

► 在阿克苏姆王国的遗产中，巨大的花岗岩方尖碑格外奇特，这些石碑是为了纪念著名陵墓而建造的

阿克苏姆王国

△▽△▽

撒哈拉以南的阿克苏姆王国地理位置独特，
夹在西方世界和亚洲之间，
逐渐发展成为强大的国家

作者: 哈雷斯·阿尔·布斯塔尼（Hareth Al Bustani）

公元前1世纪，撒哈拉以南的非洲仍处于大迁徙状态。阿拉伯人带着闪米特文字跨过红海，与库施人一同定居。他们沿非洲之角建立贸易定居点，将买来的象牙运往波斯及远东，并带回纺织品、香料和丝绸。

阿克苏姆城始建于1世纪，位于今埃塞俄比亚的北部高地。由于每年有两个雨季，这片沃土很快就吸引了许多南方居民前来养牛和耕田。山坡上的谷物一年生长9个月，有的甚至在旱季照样茂盛，如当地特产画眉草。这里森林繁茂，阿克苏姆人在山顶修梯田，开运河，建造水坝和蓄水池。建城后不久，一位希腊来访者就称这座城市为"大都会"（metropolis）——这是有记录以来对该词的首次使用，意指高度发达又地位重要的大型城市。

当地土语属于尼罗–撒哈拉语系的库纳马语

在当时，阿克苏姆被一位波斯作家称为世界四大强国之一。

支。阿克苏姆这个名字可能来源于库纳马语中的"阿雅"（山丘）和"古斯玛"（攀登）。随着城市的发展，它形成了自己的文明。

虽然阿克苏姆距离红海沿岸的阿杜里斯港（属于现代厄立特里亚国）有12天的路程，但他们与罗马帝国、南阿拉伯、印度、斯里兰卡，甚至中国都有贸易往来。他们变得更加富裕，开始支配邻国，其政治范围扩展到红海，甚至在那里控制着出入非洲的奢侈品。

阿克苏姆王国诞生的同时，罗马帝国攻占了古埃及，随后与阿克苏姆王国成为贸易伙伴。红海是满足古罗马对香料、象牙、肉桂、胡椒、棉布、铁和钢需求的唯一通道。作家小普林尼还曾写到奴隶、河马皮和猿的贸易。3世纪，罗马帝国不断衰落，阿拉伯人和波斯人控制着东非和印

锡安圣玛利亚大教堂

埃扎纳国王皈依基督教后修建了数所教堂，其中包括锡安圣玛利亚大教堂。这是一座建在阶梯式平台上的长方形大教堂，正面是一组花岗岩王座，象征着12位阿克苏姆法官、"九圣徒"和一些信奉基督教的国王。主教亚历山大推选一名埃及基督徒担任埃塞俄比亚教会大主教，这一传统延续至今。锡安圣玛利亚大教堂于17世纪重建为一座贡德尔风格的雉堞状建筑，里面有一个神圣的房间，门上画着手持宝剑的天使，据说房间里面放有约柜——一个放置十诫石板的箱子。

传说中，约柜是由所罗门国王和示巴女王（希巴女王）的爱子梅内利克带来的。如今，约柜由一名终身守护僧看守。在每年庆祝基督洗礼的蒂姆卡特节上，埃塞俄比亚祭司会列队游行，展示约柜的复制品。阿克苏姆也是一个朝圣地，朝拜者通常会前往示巴浴场，据说女王曾在这个水潭中沐浴。

度洋的贸易路线，阿克苏姆人则统治着红海沿岸直到瓜达富伊角的一侧。

为了纪念其新兴地位，阿克苏姆成为撒哈拉以南地区第一个铸造金币、银币和铜币的王国。早期钱币上饰有新月和圆盘。金币是按照古罗马重量标准铸造的，刻有希腊文，专门用于国际贸易；银币和铜币则刻有闪米特人的吉兹语。当时，甚至有位波斯作家称阿克苏姆是世界四大强国之一。

阿克苏姆人通过巨型方尖碑来彰显声望，这也是王室墓地的标志。其中近120座方尖碑点缀在石墓上方，并配有假门和马蹄形砖拱门。最大的方尖碑由一块花岗岩雕刻而成，高约33米，重达550吨，是古代最大的单体建筑之一。它从4千米外的建造地运来，也许中途有大象相助。

在鼎盛时期，这座城市占地75公顷，拥有工业区、宫殿和两层的住宅楼。宫殿多为石墙，内衬石灰或泥土，并用横梁加固。宫殿的中央

4世纪，阿克苏姆国王埃扎纳全面接受基督教。

大厅有特色绘画与圆柱，周围有庭院和小型建筑环绕。平民则住在茅草顶的泥屋里。这座城市没有坚固的城墙，东门是一个礼仪入口，通往中央神庙，西面是住宅区，北面和东面是王室墓地。整个城市约有两万居民。国王处于社会的顶端，其次是贵族、祭司，最后是普通工匠和农民。

传统的阿克苏姆陶器为手工制品，烧制程度很低，但进行了精细抛光。轮抛陶器（Wheel-thrown vessels）从地中海、阿拉伯湾和尼罗河谷进口而来，并非本国生产。当地人尽力用破损的进口商品的部件来仿制外国商品，如玻璃器皿。他们还制作了标准化的片状石器工具，用于加工象牙、皮革等原材料。阿克苏姆人还精通金属的冶炼锻造，制作了一系列专业工具来生产精致的象牙工艺品。例如维纳斯，这是在一座3世纪墓陵中发现的，整个工艺品无不体现着上层阶级对古希腊-罗马美学的欣赏。象牙在罗马帝国、阿

阿克苏姆人精通冶炼和锻造的技术。

▼ 锡安圣玛利亚大教堂现在是
埃塞俄比亚东正教教堂

▲ 狂欢者庆祝一年一度的主显节，纪念"耶稣受洗"

拉伯地区、印度和中国广受欢迎。北非大象濒临灭绝，但阿克苏姆王国拥有丰富的象群资源——据说，大象多达5000头。然而，这使它与西北的库施王国陷入经济战。

4世纪，在埃扎纳国王统治下的阿克苏姆繁荣昌盛。国王击败了沙漠部落贝贾，将他们驱逐到远方。接着，埃扎纳国王征服也门，攻伐库施王国的首都麦罗埃。王国不断扩张，从尼罗河谷延伸到也门高地，囊括了十几座城市。混杂着希腊文和闪米特文的长篇碑文颂扬着国王的传奇，赞美他大胆抛弃传统宗教、大力引入其他宗教。早期的阿克苏姆人崇拜摩邻神（Mahrem），相信国王都是摩邻神的后裔。他们还崇尚万物有灵论，崇拜祖先。人们将十几头牛作为祭品，一起献给祖先的灵魂，献给摩邻神和古希腊战神阿瑞斯。

▶ 阿克苏姆的首批定居者既有库纳马人，也有闪米特人

▼ 教堂始建于4世纪，此后多次重建

325年，君士坦丁在尼西亚大公会议上将基督教定为罗马的官方宗教。330年，埃扎纳接受了叙利亚泰尔的修道士弗鲁门修斯的洗礼——阿克苏姆皈依基督教，成为最早的基督教国家之一。基督教很快在王公贵族和商人中扎根，然后向平民渗透。后来，阿克苏姆王国还向邻国阿尔瓦王国派遣了传教士。这一转变导致阿克苏姆在货币、陶器、墓葬传统和建筑方面都发生变革。钱币饰有基督教十字架、国王的肖像及画眉草，通常刻有铭文"愿国泰民安"，但也有些会写"人民平安喜乐"或

▲ 阿克苏姆王国的货币上通常刻有国王肖像，后来还刻有基督徒

"他通过基督征服"。阿克苏姆矿工开始用铜币代替金币，并发展镀金技术，用金箔装饰王冠和其他标志。

5世纪，西罗马帝国刚刚崩溃，而阿克苏姆王国迎来了快速发展的繁荣时期——后来的埃塞俄比亚人将此归因于"九圣徒"，他们在王国首都外围建立了教堂和修道院。6世纪，国王卡莱布向也门派军，将基督徒从迫害中解救出来。虽然此举使领土扩张，还使其与东罗马帝国国王贾斯汀一世之间的关

▼ 阿克苏姆的农民充分利用肥沃的土地，修建梯田，种植小麦和地方特产画眉草

系更为密切，但事实证明，这项事业代价高昂，同时也是王国不断衰落的开端。波斯入侵也门、耶路撒冷和亚历山大港，导致贸易中断，情况变得更糟。

615年前后，阿克苏姆国王向一群穆斯林提供避难所，这表明在伊斯兰教传入后，阿克苏姆人和穆斯林保持了一段时间的友好关系——然而，随着宗教繁荣，红海逐渐受制于阿拉伯人，阿克苏姆王国与地中海的联系也被切断。不久之后，阿克苏姆人被迫向东迁徙。不过，因其宗教特色和作为加冕地点的特殊性，阿克苏姆城幸存至今。

由于阿拉伯人对阿杜利斯港的破坏，以国际贸易为经济模式的阿克苏姆人陷入困境——他们被限制在农业高地，又正好赶上降雨量大幅减小。不久之后，随着权力南移，整个地区被遗弃，逐渐只剩下零散的村庄和修道院。

阿克苏姆最初只是一个自给自足的农业团体，而当它迅速发展成为商业王国时，最大的力量来源也成了最大的弱点。作为一个撒哈拉以南的文明，阿克苏姆极度依赖国际形势、世界货物和人口的流动性，也许它无法驾驭这种国际贸易模式——就像它最大的方尖碑一样，它被自重压倒，而它的基础根本就不够牢固。

▲ 罗马、波斯、印度和中国对珍贵象牙的需求促使阿克苏姆由小城扩张为大国

▲ 锡安圣母玛利亚大教堂是阿克苏姆的第一座教堂。这里有一本用吉兹语写成的羊皮《圣经》，距今已有1000年历史

中世纪

在一次朝圣中，曼萨·穆萨携带价值近五亿美元的黄金，目的是进行慈善活动。

被遗忘的非洲
十大王国（帝国）

曾经最强盛、最广阔的王国（帝国）湮没于历史的长河中

作者：乔纳森·戈登（Jonathan Gordon）

　　非洲大陆的大部分历史都已经失传，但我　　国）——阿尔摩哈德王朝、贝宁王国、马里帝
们希望这段被遗忘的历史能浮出水面。例如，非　　国、埃塞俄比亚帝国、刚果王国、穆塔帕帝国、
洲十大王国（帝国），除了前文介绍的库施王国　　桑海帝国、阿散蒂王国。
和阿克苏姆王国之外，还有其他八大王国（帝

阿尔摩哈德王朝

1121—1269年

▲ 学者阿维洛伊斯（Averroes）是阿尔摩哈德王朝的首席法官，也是哲学家、神学家、数学家、天文学家

1121年，柏柏尔人联盟在伊本·图马尔特（Ibn Tumart）的领导下崛起，试图挑战一些长存的强国。伊本·图马尔特是一位神学家，他希望对阿尔摩拉维德王朝进行道德改革。阿尔摩拉维德王朝控制着北非大部分地区和伊斯兰化的西班牙。这位自称"马赫迪"（mahdi，意为引导有方，什叶派伊斯兰教中的救世主称号）的人依靠强大的柏柏尔人联盟，试图在维持宗教原则的基础上统一阿尔摩拉维德王朝控制的地区。最终，他的继任者于1147年征服了阿尔摩拉维德王朝。阿尔摩拉维德王朝的首都马拉喀什被占领，成为阿尔摩哈德王朝的新首都。

1172年，阿尔摩哈德王朝征服了塞维利亚，控制了伊斯兰化的西班牙。至此，阿尔摩哈德王朝不仅占据马拉喀什和塞维利亚这两个首都，还拥有横跨地中海和大西洋沿岸的港口，因此积累了财富，进而投资蓬勃发展中的艺术和建筑。王朝城市化进程加快，防御工事、花园和精致的宗教建筑相继建成。

在接下来的40年里，阿尔摩哈德王朝一直被东部的叛乱和北部的基督教威胁所困扰，最终在1212年的托洛萨会战中战败，被迫撤出西班牙，回到北非。1269年马拉喀什被马林王朝征服。

▶ 至今，仍有许多贝宁艺术品存放在欧美博物馆中

贝宁王国

约1180—1897年

贝宁王国起源于口口相传的神话故事。据说，贝宁城最初是由尼日利亚的埃多人建立的，统治者被称为"奥吉索"（Ogiso）。埃多人曾向邻国伊费王国询问，能否派国王的某位王子来接替现任奥吉索的位置。于是王子奥兰米杨（Oranmiyan）来到了贝宁城，其儿子埃维卡（Eweka）就是后来贝宁王国的第一任奥巴（oba，意为国王）。

1440年至1473年，在国王埃瓦雷的统治下，贝宁王国逐渐昌盛。埃瓦雷征服了大片领土，并修建了城墙和新的王宫。贝宁的历任国王在社会中的地位近乎神灵，他们不断发展自己的崇拜体系，其中包括人祭。

与许多成功的非洲王国一样，贝宁以黄金和象牙为主要出口商品，还通过葡萄牙商人将其出售。贝宁王国的工匠和艺术家也备受重视，这要归功于他们以象牙、黄铜和木材为原材料的创作。然而，贝宁王国也抓捕成人和儿童作为奴隶卖给欧美商人。

最终，王室内讧导致贝宁王国开始分裂，外国势力的影响不断加深。1897年，英国终于看到了入侵的机会，占领了贝宁王国，并烧毁了贝宁城。

马里帝国

约1230—1670年

　　说到古代非洲国家，不得不提及马里帝国及其统治者曼萨·穆萨（Mansa Musa）。这位帝王可能是有史以来最富有的人，因在麦加朝圣中散发黄金而给周边留下了令人震撼的影响。

　　马里帝国的历史可以追溯到松迪亚塔·凯塔（Sundiata Keita，别称"狮子王"）的叛乱。1230年，松迪亚塔·凯塔联合曼丁戈人一起推翻了苏萨的统治，在西非建立了一个新的独立国家。他们占据了四周的黄金矿产地，还团结了曼丁戈人。由于其黄金及食盐贸易，马里成了该地区的商业中心。

　　1307年，曼萨·穆萨登基并继承了这块土地。他积极进取，在位期间甚至将王国的规模扩大了一倍。在文化方面，他也有杰出贡献。穆萨在麦加朝圣后的回程中修建了宗教学习中心和学校，留下了历久不衰的遗产。

　　曼萨·穆萨死后，由于内讧和领导不力，马里帝国逐渐衰落，加奥和廷巴克图等大城市也随之隐没。

▲ 雅各布·泽扬（Yagbe'u Seyon）率领部下对战阿达尔苏丹国军队

埃塞俄比亚帝国

约1270—1769年

从阿克苏姆王国到海尔·塞拉西（Haile Selassie）被废黜，埃塞俄比亚（又称阿比西尼亚）的历史几乎是一条不间断的线。其中，由耶库诺·阿姆拉克（Yekuno Amlak）开创的所罗门王朝最为瞩目，他推翻了短暂的扎格维王朝。

尽管埃塞俄比亚帝国与周围的势力争夺通往红海的通道，但青尼罗河沿岸的贸易才是这个国家的主要收入来源。从1314年至1344年，在阿姆达·泽扬一世（Amda Seyon I）的领导下，埃塞俄比亚帝国的规模扩大了一倍，并对黄金、象牙和奴隶的出口贸易征收重税。

16世纪中期，随着阿达尔苏丹国的崛起，埃塞俄比亚帝国再次与之爆发冲突。这时，欧洲对红海的兴趣日益浓厚，葡萄牙派出400名火枪手帮助埃塞俄比亚帝国训练军队。他们随后采取的"边打边跑"战术成功击溃了阿达尔苏丹国的军队。

埃塞俄比亚帝国濒临灭亡时，在门特瓦布女皇的领导下迎来了文化复兴，女皇与儿孙共同执政。然而，1769年，帝国崩溃，最终进入封建时代。

刚果王国

1390—1914年

1390年，姆潘巴卡西王国（Mpemba Kasi）的尼玛·阿·尼齐玛（Nima a Nzima）与姆巴塔王国（Mbata）的卢奎尼·卢安桑泽（Luqueni Luansanze）联姻后，在刚果河以南的中西非地区，成立了刚果王国，并逐步建立了君主制。

1483年，葡萄牙人与刚果王国取得了联系。1491年，两位国王——恩静冈（Nzinga a Nkuwu）与其子姆维姆巴（Mvemba a Nzinga）——受洗，分别获得基督教名约翰一世和阿方索一世。此后，刚果王国的命运就与葡萄牙乃至欧洲密切相关。刚果还往欧洲派送大使来讨好外国势力。

最终，1665年10月29日，在姆布维拉（Mbwila）之战中，国王安东尼奥一世被斩首。从那时起，刚果王国分裂，内战爆发，更松散、更情绪化的联盟体形态持续了两个多世纪，直到1914年，刚果王国终于被葡萄牙吞并。

唐·米格尔·德·卡斯特罗（Don Miguel de Castro）是刚果派驻荷兰的大使

·48·

穆塔帕帝国

约1430—1629年

　　穆塔帕帝国的历史非常有趣，这是一个为了取得成功而迁徙的国家。它起源于津巴布韦王国，由于粮食短缺，王子尼亚钦巴·穆托塔（Nyatsimba Mutota）不得不寻找盐和其他资源。他发现并征服了赞比西河谷，在原来领地以北约300千米处建立了一个新的穆塔帕帝国。

　　穆托塔的统治很温和，他的儿子姆韦内·马托佩（Mwene Matope）才是拓展疆域的人。帝国最终包括整个赞比西河流域，以及今安哥拉、赞比亚、津巴布韦和莫桑比克的一部分，一直延伸到印度洋。

　　在这片广袤的土地上，姆韦内·马托佩征税并建立贸易，其中很可能包括来自印度和中国利润丰厚的商品。然而，15世纪中期之后，帝国开始衰落。1629年，葡萄牙占领了穆塔帕帝国。

桑海帝国

约1460—1591年

800年前后，桑海人在加奥定居，1325年这里成为马里帝国的藩属国，但从未被要求征税。

随着马里帝国衰落，桑尼·阿里（Sonni Ali）率领桑海人崛起。他携木舟舰队和精锐骑兵东征西伐，成功打下桑海周边地区。他的声望极高，民间甚至传言他拥有神力。

桑尼·阿里大帝死后，将军穆罕默德·杜尔（Mohammed Ture）于1493年掌权。这位虔诚的穆斯林将国家更深层次地融入了伊斯兰世界，由于与埃及的哈里发（Caliph，阿拉伯语，意为首脑）保持着较好的关系，他还被任命为苏丹的哈里发。16世纪，由于黄金、坚果和奴隶的贸易兴盛，桑海帝国逐渐富裕起来。然而后来帝国又陷入内战，旱灾和疾病使其逐渐衰落。最终，摩洛哥军队入侵，截断了该地区的黄金贸易。

阿散蒂王国

1701—1902年

17世纪末，奥塞·图图（Osei Tutu）崛起，成功地领导了统一阿散蒂人和阿肯人的运动。他被誉为"阿散蒂赫内"（Asantehene，意为最高酋长），通过集中控制管理黄金——阿散蒂王国最重要的出口商品——的贸易方式来组织他的新国家。当时黄金遍地，连底层平民都用金粉制作饰品。

18世纪后期，北非奴隶贸易兴起，每年有6000~7000人被卖到黄金海岸。阿散蒂王国也不例外，奴隶成为这个新生国家的大量出口产品，通常被用来换取枪支，以确保对邻国的控制。

英国于1807年禁止奴隶贸易，这引发了两国的贸易争端和冲突。1824年，阿散蒂王国击败了英国，但1863年局势再度紧张，1874年首都库马西被英国占领（虽然只被占领一天）。1902年，阿散蒂王国最终被并入英属黄金海岸。

狮子王

据说马里帝国的传奇奠基人强壮如狮?

作者: 阿普里尔·马登 (April Madden)

▼ 在故事中，流亡的残疾人松迪亚塔在猴面包树树枝的帮助下学会了走路

▼ 自13世纪以来，吟游诗人就一直在讲述马里的开国神话——《松迪亚塔史诗》

马里帝国奠基人松迪亚塔·凯塔的一生是一部传奇史诗，其戏剧性、魔幻性和命运感都可以比肩英国的亚瑟王。

《松迪亚塔史诗》（*Epic of Sundiata*）是一部内容丰富的口述历史，由西非一代又一代的格里奥[①]传唱。它讲述了一位英俊王子的故事。这位王子得到预言：如果他与丑女结婚，他们的儿子将成长为强大的国王。王子照做了，但生下的孩子松迪亚塔却身患残疾。他的其他女人密谋将这个孩子从继承人中除名，好让自己的儿子继承王位。于是松迪亚塔被流放到外地。在流亡期间，松迪亚塔在猴面包树树枝的帮助下学会了走路。这时，他同父异母的弟弟霸占了王位。然而，在他们的父亲去世后，王国遭到一位强大巫师的入侵。走投无路之下，人们重新求助于"强壮如狮"的合法统治者松迪亚塔。松迪亚塔用一支插着白公鸡羽毛的箭射中邪恶的巫师，而他的格里奥顾问则夺取了巫师神奇的巴拉风琴（一种葫芦制木琴）。入侵者被击退，松迪亚塔登上王位。

《松迪亚塔史诗》听起来像是一个童话故事，但松迪亚塔·凯塔却是真实存在的人，他是著名帝王曼萨·穆萨的叔祖父。他同巫师敌人——13世纪的索索国国王苏毛罗·康坦（Soumaoro Kanté）——一起被载入了史册。据说，1235年前后他们在基里纳决一死战，松迪亚塔率领一支由多个小王国的军队组成的联军，击溃了这位入侵者。松迪亚塔也许没有真的夺取一件神奇的乐器（尽管据说这件乐器确实存在，且保存于几内亚尼亚加索拉村的一户村民家中），但他确实成功夺取了一个王国。随着他的统治和军事征服，王国逐渐发展为帝国——这个帝国变得十分强大。

▲ 《松迪亚塔史诗》中的一个关键情节是夺取了一种神奇乐器，这种乐器如今已成为马里文化的核心

---

① griot，意为不可思议的部族史说唱艺人。——译者注

史上最富有的人

马里皇帝可能曾是地球上最富有的人
——但你也可能从未听说过他

作者: 杰姆·杜杜库 (Jem Duducu)

如果想形容一个人富有，可能会说他"像克拉苏一样富有"，或者称他为"洛克菲勒"。然而，即使如古罗马商人马库斯·李锡尼乌斯·克拉苏（Marcus Licinius Crassus）和美国石油大亨约翰·洛克菲勒（John D Rockefeller）这般富人，都无法与14世纪马里帝国皇帝曼萨·穆萨相提并论。

马里帝国（西非曼丁语称其为曼迪联邦）建立于13世纪初，一直延续到17世纪末。它起源于尼亚尼，这是现在几内亚最东部的一个小镇，位于尼日尔河畔。在11世纪早期，西非加纳帝国衰落，其边缘地区纷纷谋求独立。

这时，贸易路线开始变得有利于尼亚尼周边，这里几个世纪以来一直是穆斯林聚居区。它位于一个庞大贸易网络的末端，该网络以波斯首都巴格达为中心，一直延伸到西班牙。另一个重要城市是开罗，它是古埃及的经济中心。

随着贸易发展和领土不断扩张，一个由新统治者掌权的王朝应运而生。第一位统治者是松迪亚塔·凯塔，又称"狮子王"。他在大约1235年至1255年期间以曼萨的身份统治马里。曼萨是当地对皇帝的称呼。

统治者通过拓展疆域的传统方式增强了自己的影响力和权力，他们在其他方面也取得了成功。松迪亚塔·凯塔的儿子曼萨·乌里（Mansa Uli）提高了帝国的农业生产力。还有继任者在廷巴克图市建设了一所大学，吸引了伊斯兰世界的数学家与天文学家等众多学者。

帝国的发展一直非常顺利，14世纪初，曼萨·阿布巴卡里二世（Mansa Abubakari II）甚至率领探险队"探索海洋（大西洋）的极限"。据说他装备了数千艘适航的船只，并留下松迪亚塔的侄子穆萨作为他的摄政王。这并不是在位君主第一次指明副手掌管政权。伊斯兰教宣扬每个穆斯林都应该去麦加朝圣，为了履行宗教义务，虔诚的君王可能会离开一年或更久。我们不能确定阿布巴卡里二世究竟走了多远、走到了哪些地方，但我们可以肯定的是，他再也没有回来。1312年，穆萨加冕为王，得名曼萨·穆萨一世（Mansa Musa I）。

财源滚滚

马里帝国最引人注目的是黄金。据历史学家估计，到曼萨·穆萨时代，除美洲之外世界上大约一半的黄金都在马里帝国。马里富得流油。

著名世界遗产——廷巴克图的桑科雷清真

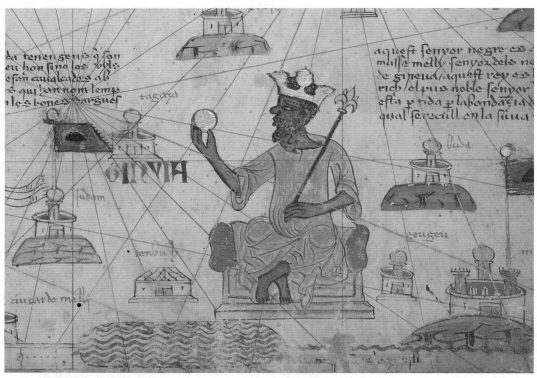

▲ 在这幅1375年的西班牙地图中，曼萨·穆萨在审视一枚金币

寺由曼萨·穆萨出资建造。他聘请了著名建筑师阿布·伊萨克·阿里·萨希里（Abu Ishaq al-Sahili），让他从安达卢西亚（位于今西班牙境内）远道而来。清真寺建成后，这位风尘仆仆的建筑师获得了约200千克黄金的酬劳，以今天的货币计算，大约相当于800万美元。

作为黄金产地的马里声誉极高，在1375年的一幅西班牙地图中，出现了曼萨手持金币的形象。对历史财富进行估值是比较难的，虽然兑换率和通货膨胀率容易换算，但还是不能非常准确地估值。可以确定的是，在那时的世界，黄金是一种非常稀有的商品，远比今天还稀有，这意味着同等数量的情况下，黄金的价值在14世纪可能要比在今天高得多。除此之外，马里的食盐贸易

也十分繁荣——食盐在中世纪又是另一种稀有商品。可想而知，当时的马里帝国有多富！

但在曼萨·穆萨统治之初，外界对马里几乎一无所知。马里位于撒哈拉以南的非洲地区，与伊斯兰世界的其他地区相距甚远，虽然商人们知道某些商品来自非洲，但似乎没有将它们与某个特定国家绑定。这一切随着曼萨·穆萨的麦加朝圣而改变。临行前，穆萨任命他的儿子马加（Magha）为副手，令其在他外出期间负责管理国家，并在他确定不回来时继任。虽然朝圣的主要目的是完成宗教义务，但穆萨也带有让马里出名的野心，他的朝圣可以说是历史上最昂贵、最成功的公关活动。

朝圣途中

1324年，曼萨·穆萨从尼亚尼出发，踏上了近5500英里的麦加之旅。这意味着当他于1325年返回时，至少已经走了11000英里。

穆萨穿越撒哈拉沙漠，到达阿尔及利亚的地中海沿岸，从那里前往埃及，最后到达开罗。

这段旅程极其艰苦，但穆萨还是不嫌麻烦地带上了很多家当。首先，他有80头骆驼专门用来运送黄金，每头负重达136千克，这意味着单是骆驼就背着价值约4亿美元的金块（以现代价值计算）。这支随行队伍还包括60000名奴隶及12000名女仆，每位女仆都携带1.8千克黄金，相当于如今1500万美元。游行队伍由500名手

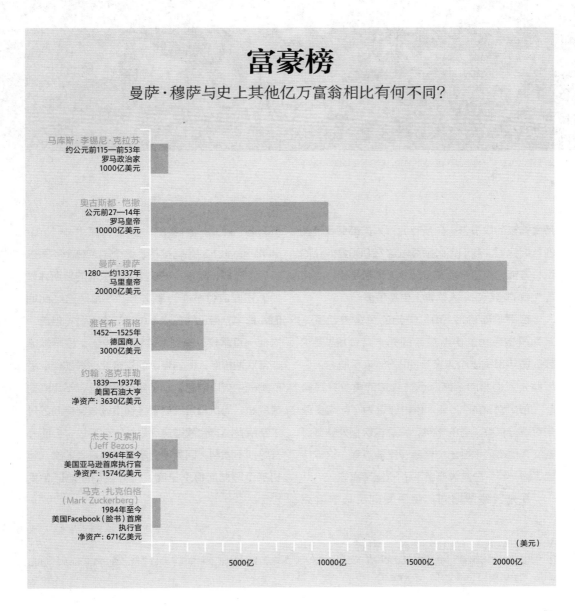

富豪榜
曼萨·穆萨与史上其他亿万富翁相比有何不同？

马库斯·李锡尼·克拉苏
约公元前115—前53年
罗马政治家
1000亿美元

奥古斯都·恺撒
公元前27—14年
罗马皇帝
10000亿美元

曼萨·穆萨
1280—约1337年
马里皇帝
20000亿美元

雅各布·福格
1452—1525年
德国商人
3000亿美元

约翰·洛克菲勒
1839—1937年
美国石油大亨
净资产: 3630亿美元

杰夫·贝索斯
（Jeff Bezos）
1964年至今
美国亚马逊首席执行官
净资产: 1574亿美元

马克·扎克伯格
（Mark Zuckerberg）
1984年至今
美国Facebook（脸书）首席
执行官
净资产: 671亿美元

（美元）

5000亿　　　10000亿　　　15000亿　　　20000亿

▲ 廷巴克图现在一直是偏僻地区的代名词，但它曾是马里帝国的中心

持金饰杖的奴隶带头，所有随行人员都身着精美的丝绸锦缎。我们还必须算进这72000名奴仆的饮食开销，仅这一项花费就令人瞠目结舌，更何况为首的穆萨在个人饮食上更是奢侈。

穆萨带着价值约5亿美元的黄金去朝圣，是为了做慈善。伊斯兰教的扎卡特传统①要求教徒每年都捐出个人资产的2.5%来帮助穷人，因此，人们倾向于推断运往麦加的黄金只是曼萨·穆萨财富的2.5%，但也许是为了补偿多年来对履行宗教义务的懈怠，穆萨这次格外慷慨。据说，他每周都会出资修建一座清真寺，这样持续了约一年，总共大概留下了52座清真寺。

在开罗停留期间，穆萨受到了马穆鲁克苏丹国②阿里·纳赛尔·穆罕默德（al-Nasir Muhammad）的热情接待。这个国家在十字军东征后逐渐成长起来，不仅要面对敌对的穆斯林势力，还要应付波斯。事实上，在穆萨途经此地时，穆罕默德已经三次上位又三次下台（但这一次他一直掌权，直到1341年去世）。穆罕默德非常欢迎穆萨，因为穆萨的到来让他在那些危险的挑战中得以喘息。马里离苏丹太远，不足以构成威胁，而且马里统治者还很虔诚，坚持向苏丹王及所有高官贵族赠送大量礼物。不过，会面一开始很不顺利，因为穆萨不愿向苏丹人下跪，起初甚至因此而拒绝见面，但好在后面他还是妥协了。

---

① Zakat，意为天课，穆斯林每年一次的慈善捐款。——译者注
② 9世纪至16世纪服务于阿拉伯哈里发和阿尤布王朝的奴隶兵，后逐渐成为强大的军事集团，建立了自己的伯海里王朝与布尔吉王朝，统治埃及达三百年之久。——译者注

经济危机

不幸的是，穆萨的慷慨带来了意想不到的后果。当每个人都拥有黄金、金币多于其他东西时，面包等必需品的价格就会成倍增长。因此，整个马格里布地区的经济都崩溃了，穆萨的善心竟造成了恶性的通货膨胀。

这一事件对开罗的影响最为严重。从麦加返回后，穆萨意识到自己造成了严重的经济乱象。他试图解决问题，命令随行人员从开罗的放债人那里借来所有能借到的黄金。这需要支付高额利息——在花费了近20亿美元（等值估算）后，穆萨还为自己制造了债务。虽然这有一定帮助，但并没有彻底解决问题，不过，穆萨成为历史上唯一一个直接控制地中海地区黄金价格的人。

与此同时，加奥这座本就叛乱不断的城市又起兵反抗马里帝国了。穆萨踏上回程时，他的儿子马加已经控制住了局势，但加奥的反叛者仍蠢蠢欲动。穆萨决定让随行人员绕道，向尼亚尼以东绕了约1000英里。这是为了向当地人展示统治者的仁慈与强大。这一招果然奏效，加奥后来归化马里帝国长达100多年。穆萨还在此投资了许多伟大的建筑项目，他试图给居民留下深刻印象，时刻提醒他们归属于伟大帝国是一大幸事。

尼亚尼离非洲海岸非常远，马里帝国得征服很多土地才能够出海，并且它离加奥和廷巴克图等城市也很远。由此看来，马里帝国绝非和平的天堂，叛乱和武力镇压都不可避免。

曼萨·穆萨耗费巨资，既支持科学事业，又投资无数建筑，在他统治之下的马里帝国一直处

▲ 穆萨的随行人员成千上万，他们穿越撒哈拉沙漠，前往麦加

穆萨的麦加朝圣之路

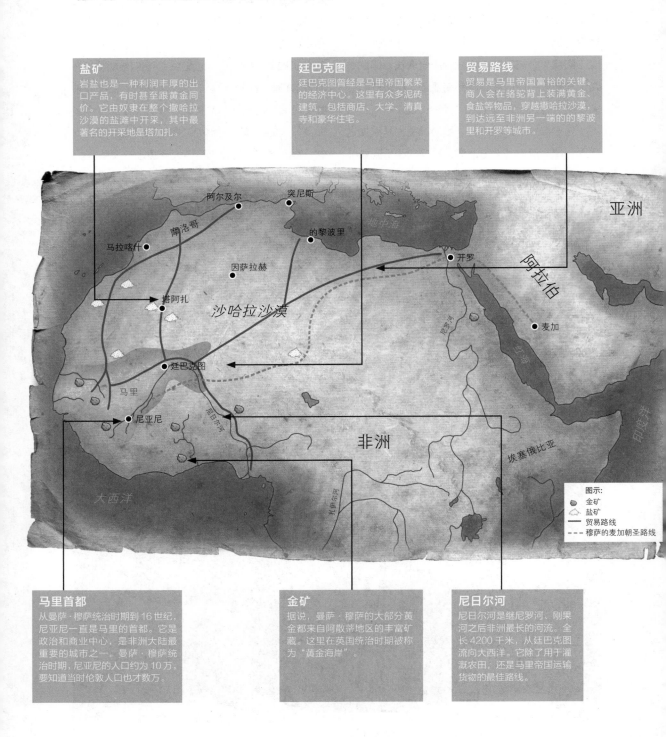

盐矿
岩盐也是一种利润丰厚的出口产品，有时甚至跟黄金同价。它由奴隶在整个撒哈拉沙漠的盐滩中开采，其中最著名的开采地是塔加扎。

廷巴克图
廷巴克图曾经是马里帝国繁荣的经济中心。这里有众多泥砖建筑，包括商店、大学、清真寺和豪华住宅。

贸易路线
贸易是马里帝国富裕的关键。商人会在骆驼背上装满黄金、食盐等物品，穿越撒哈拉沙漠，到达远至非洲另一端的的黎波里和开罗等城市。

亚洲

阿尔及尔

突尼斯

摩洛哥

的黎波里

地中海

开罗

阿拉伯

马拉喀什

因萨拉赫

尼罗河

麦加

红海

塔阿扎

沙哈拉沙漠

印度洋

廷巴克图

马里

尼亚尼

尼日尔河

非洲

埃塞俄比亚

大西洋

扎伊尔河

图示:
- 金矿
- 盐矿
- 贸易路线
- 穆萨的麦加朝圣路线

马里首都
从曼萨·穆萨统治时期到16世纪，尼亚尼一直是马里的首都。它是政治和商业中心，是非洲大陆最重要的城市之一。曼萨·穆萨统治时期，尼亚尼的人口约为10万，要知道当时伦敦人口也才数万。

金矿
据说，曼萨·穆萨的大部分黄金都来自阿散蒂地区的丰富矿藏。这里在英国统治时期被称为"黄金海岸"。

尼日尔河
尼日尔河是继尼罗河、刚果河之后非洲最长的河流。全长4200千米，从廷巴克图流向大西洋。它除了用于灌溉农田，还是马里帝国运输货物的最佳路线。

于鼎盛时期。但是，没有人知道他的死因，甚至没有人知道他具体何时去世。有传言说他只是让位给儿子，没有发生宫廷政变或暗杀的情况。曼萨·穆萨很有可能是躺在床上安详去世的。

14世纪50年代，也就是曼萨·穆萨去世约20年后，马里帝国仍处于巅峰状态。著名的摩洛哥旅行家伊本·白图泰（Ibn Battuta）途经此地，对马里人民的富裕、博学和虔诚感到震惊。

最终，马里帝国随着时间的推移而衰落。尽管马里可能已逐渐淡出人们的视线，但有关穆萨及其巨额财富的传奇却一直流传至今。正如前文所说，他的财富价值难以量化，但至今可能没有人比他更富有，这意味着曼萨·穆萨不仅是当时最富的人，也是历史上最富的人。

▲ 黄金对马里帝国的经济至关重要

▲ 在马里帝国的知识中心廷巴克图发现的阿拉伯文手稿

曼萨·穆萨意识到自己造成了经济乱象。

▲ 伊本·白图泰在旅途中访问了马里帝国

▼ 由穆萨资助的津加里贝尔清真寺，如今仍然是廷巴克图的重要景观之一

失落之城贝宁

非洲贝宁王国的首都曾令欧洲人赞叹不已，
但为什么如今荡然无存了？

作者：托因·法罗拉（Toyin Falola）

作者简介

尼日利亚历史学家兼非洲研究专家，著有《非洲历史大事件：参考指南》（*Key Events in African History: A Reference Guide*）。

"国王居住的大贝宁城比里斯本还大，街道都是笔直的。"葡萄牙船长洛伦索·平托（Lourenço Pinto）在1691年写道，"这里的房子很大，尤其是国王的宫殿，装饰华丽，柱子精美。这座城市富裕，治安很好，从未有过盗窃事件，人们甚至不用安装房门。"

大贝宁城位于丛林深处，通过尼日尔河与其他非洲王国和大西洋相连。它是首都，在鼎盛时期，西起拉各斯，东抵尼日尔——面积约有现代尼日利亚的五分之一。

15世纪80年代，葡萄牙商人偶然发现了贝宁。100年后，荷兰商人抵达，在接下来的200年里，这里又来了更多英国、法国、德国和西班牙的经商者。虽然他们曾经将许多关于贝宁的传

▼ 1668年荷兰探险家记录的贝宁城王室游行

说带回家乡，但现代的西方人可能对贝宁一无所知。贝宁这座伟大的城市究竟发生了什么，为什么会消失得无影无踪？

贝宁的起源

根据口述历史，贝宁城大概产生了约31位强大的"奥吉索"统治者，直到12世纪，奥兰米扬的儿子埃维卡成为统治者，贝宁王国才真正建立起来。埃维卡的统治开启了奥巴时代。

随着奥巴时代的到来，贝宁王国的社会等级制度逐步形成。除国王外，政治精英包括有头衔的酋长乌扎玛·恩伊欣龙（Uzama n'Ihinron）和王室成员。乌扎玛酋长的权力很大，在海关和王室的管理中至关重要。宫廷酋长负责宫廷管理，城镇酋长负责日常行政，如征收贡品、征召士兵，其他官员则履行从狩猎到占星等各种职责。至于工匠，他们会为国王及其王室宫廷制作艺术品。

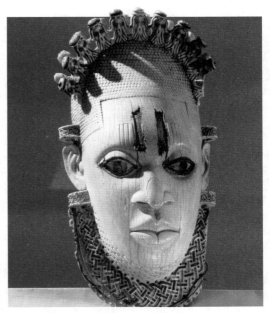

▲ 装饰性面具是奥巴王室的象征性标志之一

帝国黄金时代

13世纪末至15世纪，在国王的不断征伐中，贝宁王国逐渐壮大。贝宁拥有一支训练有素、纪律严明的庞大军队。国王埃瓦雷一世（Oba Ewuare I）约1440年至1473年在位，他大力推进整个王国的改革。他通过改革重组了政治结构，垄断军事权力，最大限度地稳固了国王与酋长之间的关系。他还促进了手工艺品的发展，如青铜器、象牙的制作，这些手工艺品使贝宁闻名于世界。

工匠们制作了风格独特的艺术品，包括头像、全身像、铜匾和其他王室装饰品。艺术品颂扬着王室的"全能"，合法化国王的权力与荣耀，还加强国王的神性，好让人民臣服。人们都相信国王就是神灵。

▲ 有传言称奥兰米扬王子将马引入贝宁

埃瓦雷国王推动了建筑革新、城市设计、节庆活动和王室珠饰的发展。并且，在奥古拉国王修建的城墙的基础之上，他又修造了两条护城河。这构成了一张城墙网，用于抵御外敌。护城河全长约16000千米，包围了6500平方千米的土地。贝宁城墙（城墙和护城河）是前机械时代的工程奇迹。

1974年，《吉尼斯世界纪录大全》将贝宁城墙描述为机械发明之前世界上最大的土方工程之一，是仅次于中国长城的最大人工建筑。

标志性艺术

在贝宁王国的众多艺术品中，有两种最为典型：伊迪亚王后青铜头像和贝宁象牙面具。青铜头像是纪念伊迪亚王后的贡品，这位王后（Queen Idia）是第一任伊约巴（Iyoba，意为王太后），是16世纪初在位的埃西吉国王（Oba Egisie）的母亲，在国王的执政生涯中发挥了极其重要的作用。

▲ 英国以商队遇袭为借口发动了1897年的战争

全能的奥巴

贝宁国王集政治、军事和宗教领袖于一身。

隐身生活

奥巴很少在公共场合露面，而一旦露面，就会有随从为他遮阳。这是国王专属的遮阳方式，其他居民都被禁止这样做。

珊瑚冠

奥巴的头饰和外衣由红色珊瑚珠编织。只有国王及其心腹才可以穿戴珊瑚珠。这种珠子产自遥远的地中海，非常稀有珍贵，很少有人买得起。

神灵般的地位

奥巴不仅是最高政治权威，也是人民的精神领袖。宗教崇拜往往会围绕他们形成，许多奥巴甚至声称自己拥有超自然神力。

象牙面具

精雕细刻的象牙面具是贝宁王国的标志性艺术品之一，上面刻有伊迪亚王后的形象。不过，这些面具通常不会用于掩面，而是会被环在腰间或挂在脖子上。

皇家卫队

大多数奥巴随身携带的武器都只是礼仪性的，如被称为"伊本"（Eben）的扇形剑。他们依赖于皇家卫队的保护。卫队会配备有剑、矛，后来甚至有火器。

丛林之王

在贝宁，豹是王权的象征。除了穿戴豹皮，国王还会养几只大型猫科动物当宠物。在某些重要场合，它们作为吉祥物与国王一同出巡。

常备军

奥巴统治着许多城市、乡镇和村庄，一天内可以动员 20000 名士兵；常备军有 8000 到 180000 名士兵。

多希望你也在此地……

欧洲旅行者经常写信回家，
讲述他们在这座大都市中看到的奇景。

巡航至廷巴图克

贝宁城位于丛林深处，但它并没有与世隔绝。通过尼日尔河，它与马里首都廷巴克图及其他北非王国相连。尼日尔河同时向南流至大西洋，因此欧洲人也能够航行至此。

绝妙灯光

贝宁是最早拥有街道照明的城市之一。以棕榈油（王国最重要的出口商品之一）为燃料的巨大金属灯遍布全城，为交通提供照明。它们在王室官邸附近数量尤其多。

贝宁城墙

贝宁城墙被《吉尼斯世界纪录大全》誉为仅次于中国长城的世界第二大人工建筑。防御工事包括 10000 多千米长的土城墙，以及约 16000 千米长的护城河，其中有些城墙高于 9 米。如果这还不够安全，那么还有护城河。

匪夷所思的精确设计

16 世纪的游客经常说贝宁城的布局杂乱无章，但美国数学家罗恩·埃格拉什（Ron Eglash）却认为，这座城市的所有建筑设计（从区域布局到房屋结构，甚至各个房间）都在特意重复相同的对称图案。

游览雨林村庄
在城市之外，也有许多人居住在丛林空地上的村庄里，他们通常种植山药、辣椒等蔬菜和棉花。18世纪20年代，法国探险家雷诺·德·马歇（Reynaud des Marchais）注意到，这些农田的耕作十分精细，且每年都有三到四次收成。许多村庄修建有护村河。

宫殿
王宫占整个城市的很大一部分，据荷兰作家奥尔弗特·达佩尔（Olfert Dapper）称，其面积相当于荷兰的哈勒姆镇。它包括国王寝宫、会客室、官舍和后宫。王宫殿呈方形，从17世纪开始内部饰有铜匾。

参观贝宁大道
据达佩尔所说，进入贝宁后首先看到一条长达6千米的大道："这条马路非常宽阔，面积似乎比阿姆斯特丹的华尔木斯街大七八倍。街道笔直，没有一处弯曲。"

在工匠市场购物
城里的许多居民都是手工业者，他们归属于各种行会。最重要的黄铜铸工行会专门为国王工作。欧洲人可以从木材雕匠、象牙雕匠、皮革工、铁匠和纺织工那里购买商品。

伊迪亚本身就是酋长，管理着伊耶库塞卢地区，有权募集税款，为军队筹资。尽管妇女通常被禁止从事特殊职业，例如不得入伍，但她仍然参战并打了无数次胜仗。据描述，她既有军事才能，又会巫术，还曾助其子击败了竞争者阿环兰（Arhuanran）而成功上位。

据说伊迪亚王后拥有神奇的治愈能力，许多雕塑和艺术作品都是为纪念她而创作的，如小型雕塑贝宁象牙面具。

尼日利亚政府试图向大英博物馆要回面具，但遭到拒绝，他们称面具易碎，不便运输。博物馆还向尼日利亚政府索要300万美元的巨额保障金。

▶ 被称为"马尼拉"的黄铜手镯，在整个西非地区交易流通，由贝宁的青铜工人制造

嗜血的消亡

15世纪，葡萄牙人在探险过程中发现了贝宁，双方很快开始贸易往来。据说埃西吉国王精通葡萄牙语，与葡萄牙商人交流自如，他还曾向葡萄牙派遣使节。与此同时，葡萄牙传教士最初的努力取得了一些成果——贝宁出现了教堂。葡萄牙和贝宁之间的贸易往来包括象牙、胡椒和少

◀ 贝宁王国通过贸易和征伐实现扩张

▲ 16世纪带兵打仗的伊迪亚王后的青铜像

量奴隶。

　　在这一时期，贝宁的奴隶贸易其实并不活跃。这些奴隶或是在战争中被俘，或是被迫以苦役偿还债务，更多是为了显示王室声望，而并非为了经济利益。此外，贝宁的经济和军事实力都很强，并不需要大西洋奴隶贸易的收益。值得注意的是，贝宁与欧洲人之间不仅限于奴隶贸易，还包括战争支持及雇佣军服务。

　　但到了17世纪，由于缺乏领导、内部分裂，王国开始衰落。奴隶贸易被废除，象牙价格下跌，贝宁遭受沉重打击。18世纪中期，贝宁王国在埃雷索尼恩国王（Oba Eresonyen）的领导下有所回转，但好景不长。为了寻求贸易往来和军事保护，贝宁向英国贩卖领土，王国的版图开始缩水。

　　19世纪中期，贝宁开始推动棕榈油贸易。英国人试图将贝宁收为保护国，但贝宁国王不同意。贝宁的政治力量衰落，国王企图用人祭来重新点燃王位的神圣权威。1892年，亨利·高威（HL Gallwey）迫使奥沃拉姆文国王（Oba Ovoramwen）同意将贝宁纳入英国的保护之下。国王可能并非自愿签署，因为他显然并不相信英国人的善意。

▲ 象牙盐罐，上面展示了17世纪在贝宁的欧洲商人及其船只

▲ 奥沃拉姆文国王与妻子埃格贝女王（左）和艾戈巴希女王（右）一同被流放到卡拉巴尔

▲ 1897年，掠夺者英国士兵与被掠夺的贝宁珍宝

据描述，伊迪亚王后既有军事才能，又会巫术。

1897年，酋长们意识到英国人有意废黜国王，于是暗地里先发制人，下令袭击了一支载有英国官员的商队。两名官员侥幸逃脱。奥沃拉姆文国王意识到他的王国即将遭到入侵，但他并未反击，而是加紧人祭，迷信此举可以得到祖先的庇护。英国召集军队攻打贝宁，而国王、酋长四处逃窜，但最终还是回来投降了。贝宁国王被废黜，英国人把他流放到尼日利亚东南部地区的卡拉巴尔，1914年他在那里去世。

英国人开始摧毁剩下的一切，他们首先将王室珍宝转移到了安全的地方，然后放火烧了贝宁城。为了支付远征的费用，他们在拉各斯出售了一些无价之宝，并将其他文物卖给欧洲的私人收藏和博物馆。1914年，在英国殖民官员的监督下，奥沃拉姆文的儿子埃维卡二世（Eweka II）复位。但昔日辉煌的贝宁已荡然无存，如今已找不到其坚固城墙或护城河的任何痕迹。

不过，贝宁被掠夺的文化遗产正在返乡的路上。2022年11月，伦敦霍尼曼博物馆将贝宁青铜器交还给尼日利亚。其他机构，包括英格兰教会、剑桥大学耶稣学院、华盛顿特区的史密森尼博物馆和德国的许多博物馆都已将收藏的贝宁青铜器送回其非洲的故乡。

从自由民到奴隶

◇ ◇ ◇

托比·格林（Toby Green）的著作《一把海贝》（*A Fistful Of Shells*），探讨了资源丰富的西非如何被贸易和奴隶制耗尽

作者：乔纳森·戈登（Jonathan Gordon）

专家简介 ｜ 托比·格林博士
历史学家，曾在伯明翰大学西非研究中心获得博士学位。
于 2015 年获得英国科学院新星奖，现任伦敦国王学院葡
萄牙语非洲历史与文化高级讲师。

托比·格林的著作《一把海贝》获得了沃尔
夫森历史奖提名，他对从大西洋奴隶贸易之前到
革命时代所发生的经济和社会变革进行了广泛的
调查，深入回溯历史，最终揭示了西非丰富多样
的真实形态。

▲ 被奴役的非洲人遭受苦难，西方人却因此积累财富。西非昔日
的财产逐渐贬值，进入一个更加恶性的循环

奴隶制之前的西非
与欧洲针锋相对的大国

加纳帝国

存续时间：约500—1200年

已知最大面积：1600平方千米

骆驼进入西撒哈拉后，整个地区的贸易路线都焕
然一新，加纳帝国（或称瓦加督）更是不断扩
张，最终通过黄金和食盐贸易而逐渐富裕。

马里帝国

存续时间：约1230—1670年

已知最大面积：1294994平方千米

马里帝国又称曼迪联邦，因其惊人的财富而闻名
于世。与此同时，它在塑造当时西非的法律、语
言和人文景观等方面也发挥了巨大作用。

桑海帝国

存续时间：约1460—1591年

已知最大面积：1400000平方千米

非洲历史上最大的国家之一。桑海帝国诞生于加
奥城，原先是马里帝国的一部分。然而，随着马
里帝国的衰落，加奥超越了马里帝国，并渐渐吞
并其大部分领土。

正如格林所言，进入16世纪后，非洲这一
特殊地区与欧洲并驾齐驱。"毫不夸张地说，马
里帝国当时肯定比欧洲大多数地方都更富裕、更
全球化。"据估计，14世纪马里帝国的苏丹曼
萨·穆萨是有史以来最富有的人，这在一定程度
上证明了西非的财富和地位。"在西非不同地区
（如黄金海岸和塞内冈比亚）开采的黄金扩大了
西非钱币铸造的规模。例如，16世纪西班牙金币
的名称'马拉维迪'（maravedi）就源自西撒哈
拉金币的名称'穆拉比特'（al-Murabitun），
这足以表明西非曾是黄金的原产地。"

**16世纪西班牙金币的名称"马拉维迪"源自西撒哈
拉金币的名称"穆拉比特"。**

▲ 关于曼萨·穆萨的一个常见传闻是，他非常富有，在麦加朝圣之旅中途经开罗时，开罗甚至因为他遭受了大规模的通货膨胀

那么，西非和欧洲这两片大陆是如何开始分化的呢？这是格林在书中探究的关键问题之一。"在历史著作中，欧洲在非洲的贸易总是被简化，好像欧洲人只是带着小玩意儿来非洲交换东西一样。"实际上，他们交易的是货币。在当时的西非，货币有多种不同的形式，包括"货贝"。"从13、14世纪，一直到19世纪晚期乃至前殖民时期结束，'货贝'都是西非的主要货币之一。它最初由丝绸之路沿线的商队贸易带进

来，然后再穿过撒哈拉沙漠进入西非。"正如格林所说，"货贝"还非常实用："它们是一种有用的货币形式，因为重量轻且可评估，便于小额交易，连黄金都不能做到这一点，因为黄金太贵重了。"

这是两片大陆之间差距拉开的第一步。"非洲市场里新货币泛滥。然而，根据经济理论，如果只带来了货币，而没有带来其他商品和与之相关的贸易，往往就会引发通货膨胀。"随后出现

▲ 卡巴·康加巴的一座神殿。此地曾是马林王国的首都，后来被并入马里帝国

▲ "货贝"意义重大，至今仍是非洲裔古巴人宗教中的重要元素

的跨大西洋奴隶贸易更是加剧了这种循环。"很多贸易和流入的货币都是奴隶贸易的一部分。当非洲货币贬值时，主要出口商品（黄金和奴隶）却在非洲大陆以外增值。"黄金的相对价值在上升，给欧洲商人带来了更多的消费能力；同时，奴隶成为劳动力，产生了更多的盈余价值。

格林说，以前存在于西非的奴隶主要是指外来者。"他们可能是战争俘虏，也可能是移民，总之他们没有亲属。只有通过几代人的亲缘关系，这些人才有可能融入该地区。"然而，奴隶贸易中的非洲男女被强迫在陌生世界的田野和矿山工作，并被规定：奴隶的子女还是奴隶，没有任何解放途径。

但是，正如格林所说，过于关注奴隶制可能会贬低西非历史，因为这会令人忽视西非人民的聪明才智。"我的书中有一章指出，人们往往从奴隶制的视角来研究非洲历史，但这会导致非洲艺术的成就被忽视。因此，我们必须盘点一下。"

事实证明，这很有挑战性。"与许多历史题材不同，殖民前的西非历史资料并不都集中于某一处或某两处，它们分散在世界各地。我使用的资料来自各个国家，包括欧洲的西班牙、葡萄牙、荷兰和英国，还有拉丁美洲的巴西、秘鲁、智利和哥伦比亚。"

"如果仅仅使用这些书面资料，可能会认为非洲历史上最重要的问题是奴隶制、贸易和非欧关系。"但这些西方记录只是故事的一部分。"事实上，西非大部分地区的历史都是口述的，这之中很少会提及大西洋奴隶贸易。如果只看这些，你又会觉得非洲历史中重要的是王权史、宗教史、移民史和家庭关系史。事实上，无论是书面资料还是口述资料，都很重要。"

格林以这种严谨的态度，在《一把海贝》中既剖析了蚕食西非权力与财富的奴隶制和三角贸易，又深入研究了在此之后西非人民的生活。"你看书中的任何一章都能推翻'非洲无用论'。"

► 15世纪末桑海帝国统治者之一阿斯基亚大帝（Askia the Great）的陵墓

巴巴里海岸

◇◇◇

探索北非的海盗巢穴，他们袭击船只，
俘虏奴隶，所经之地被恐惧笼罩

巴巴里海盗剖析

北非

15—19世纪

包头巾
识别标志

佩戴头巾可以表明海盗信仰的宗教，从而将自己与基督徒区分开来。

弯剑
砍杀敌人

巴巴里海盗最常用的弯剑是"基利杰"，这是一种单刃短剑，剑刃弯曲锐利。外翻的剑尖大大增强了剑的切割力；剑背有一个明显的T形横截面，既增加硬度，又不会过于增加剑的重量。

法兰狼牙棒
有效武器

巴巴里海盗不嫌武器多。除了剑和手枪外，匕首、斧头甚至法兰狼牙棒都很流行，这种狼牙棒对佩戴盔甲的敌人格外有效。

隐匿的防护甲
以防万一

这通常是由包裹躯干的小板组成的复合防护甲，海盗会将防护甲穿在衣物下面或夹在衣物之间。

燧发枪
开火

阿尔及利亚人袭击商船事件的美国目击者描述了海盗们登上商船时的景象，他们"口中咬住军刀，腰间别有上膛的手枪"。这种燧发枪很可能是在丹吉尔集市上购买的。

奥斯曼服装
传统服装

海盗没有正式制服，但会穿着马格里布的日常服装，如无领背心或夹克，还可能会搭配宽松的萨尔瓦长裤。他们很可能会在腰带里塞武器，而且会穿结实的巴斯马克靴。

政府雇员
掠夺许可证

海盗会申请沿海国家的掠夺许可证，当然，前提是他们让当地的州长、总督或巴夏[1] 平分利润。不过，海盗并不总是与那些长官和谐相处。1624年，一群海盗宣布塞拉共和国独立于摩洛哥苏丹国成立。

———————————

① pasha，旧指土耳其古代对大官的尊称。——译者注

统治巴巴里海岸的海盗们

▲ 奥鲁奇是最传奇的巴巴里海盗之一

奥鲁奇 · 巴巴罗萨
（ Oruç Barbarossa ）

奥斯曼人，约1474—1518年

巴巴罗萨兄弟是巴巴里海盗国的早期建立者。他们于1516年攻占阿尔及尔，处死统治者塞利姆·贝·图米（Selim bei Tumi）并驱逐了西班牙人。虽然兄弟俩得到了奥斯曼帝国的支持，但奥鲁奇·巴巴罗萨在成为新总督后，并不打算归顺帝国，而是决心保持阿尔及尔的独立性。次年，他摧毁了一支由7000名士兵组成的西班牙舰队，但未能攻下西班牙在北非的附庸城。1518年，在特莱姆森城战役中，他死于西班牙人之手。

赛义达 · 胡拉
（ Sayyida al-Hurra ）

摩洛哥人，1485—1561年

没有人比女海盗赛义达·胡拉更恨西班牙人。赛义达及其家人原籍皆为格拉纳达，而该城于1492年被西班牙再次拿下，他们被迫逃亡。她嫁给家族世交特图安总督，并利用他获得了权力。他死后，赛义达继承了总督的职位，还与奥鲁奇·巴巴罗萨结盟，进攻西班牙和葡萄牙，最终他们一同控制了地中海。后来，赛义达与摩洛哥苏丹艾哈迈德·瓦塔西（Ahmed al-Wattasi）再婚。

▶ 赛义达的统治最终被她的女婿推翻

海雷丁·巴巴罗萨
（Hayreddin Barbarossa）

奥斯曼人，约1478—1546年

  海雷丁以军事天才闻名，哥哥奥鲁奇·巴巴罗萨去世后，他接任成为阿尔及尔总督。与寻求独立的奥鲁奇不同，为了换取人员和装备，海雷丁与奥斯曼帝国建立了牢固的关系。在这种支持下，他建立了一支强大的舰队以对抗欧洲基督教国家，并在地中海沿岸发动了一系列突袭。海雷丁最著名的胜利海战包括1529年攻占西班牙要塞埃尔佩尼翁和1534年征服突尼斯。

▲ 德拉古特的遗体被安葬在清真寺中

德拉古特
（Dragut）

奥斯曼人，1485—1565年

  德拉古特是一名熟练的水手，加入了海雷丁·巴巴罗萨的舰队，并很快成为他的得力助手。作为首席中尉，德拉古特多次参加袭击战斗，成功攻打下一系列沿海要塞。海雷丁死后，德拉古特接任成为奥斯曼舰队的首领，并在两年后成为阿尔及尔总督。这支军队取得了一系列海战胜利，特别是夺取了的黎波里，德拉古特还在那里建造了德拉古特清真寺，至今仍为后人所用。德拉古特在马耳他围城战中失败，被炮弹碎片击伤而死。

▲ 海雷丁·巴巴罗萨。巴巴罗萨的阿拉伯语名是海尔·阿丁（Khair ad-Din）

▲ 乌卢奇追随德拉古特的脚步

乌卢奇 · 阿里 · 雷斯
（Uluç Ali Reis）

西班牙人，约1519—1587年

　　乌卢奇被海雷丁·巴巴罗萨带领的巴巴里海盗俘获，作为船奴开始了他的海盗生涯。他皈依伊斯兰教，并加入了德拉古特的舰队，参加了多次海战，例如马耳他围城战。德拉古特死后，乌卢奇接替他成为的黎波里总督。乌卢奇能力出众，在1568年升为阿尔及尔总督，三年后又被任命为奥斯曼帝国舰队的首领。

大穆拉特 · 雷斯
（Murat Reis the elder）

阿尔巴尼亚人，1534—1609年

　　穆拉特·雷斯是奥斯曼帝国最厉害的海军舰长之一，曾在海雷丁·巴巴罗萨和德拉古特的舰队中立功。1580年，他在托斯卡纳海岸俘获了两艘满载财宝的教皇大帆船，一战成名。五年后，他率领巴巴里海盗首次远征大西洋，成功夺取了加那利群岛中的部分岛屿，后又于1587年再得胜果。

▲ 大穆拉特是西班牙黄金时代文学中常出现的人物

▲ 小穆拉特·雷斯。"雷斯"是奥斯曼帝国的一种军衔，类似于海军上校

小穆拉特 · 雷斯
（Murat Reis the younger）

荷兰人，约1570—约1641年

　　小穆拉特原名扬·扬松·范·哈勒姆（Jan Janszoon van Haarlem），是一名来自哈勒姆的荷兰私掠船船长。小穆拉特被巴巴里海盗俘虏后成为船奴，在此期间他皈依了伊斯兰教。后来他自己也成了海盗，在地中海各地劫掠船只，过着富裕的生活。

▲ 约翰有许多化名，包括"小鸟"和"麻雀"

约翰·沃德
（John Ward）

英国人，约1553—1622年

　　约翰·沃德是渔民出身，后来成为私掠船船长，在英国女王的授意下袭击西班牙船只。然而，詹姆士一世即位后，约翰失去了私掠船执照。在成为海盗之前，他曾短暂地重操渔业。他与手下（其中多为英国人或荷兰人）一起购买了一艘船，在突尼斯建立了基地，开始捕获和掠夺商船。这位基督徒后来皈依了伊斯兰教，还取名"优素福·赖斯"。他最终安享晚年。

西曼·丹齐格
（Siemen Danziger）

荷兰人，约1579—约1615年

　　西曼和小穆拉特·雷斯同为荷兰私掠者。西曼后来成为海盗，还结识了约翰·沃德，但他最终放弃了海盗生涯，去法国马赛定居，并帮助法国人对付他昔日的战友。据说他在突尼斯被俘后被斩首。

▲ 穆莱·艾哈迈德·埃尔·拉伊苏尼是非典型的巴巴里海盗

穆莱·艾哈迈德·埃尔·拉伊苏尼
（Mulai Ahmed Er Raisuni）

摩纳哥人，1871—1925年

　　尽管巴巴里海盗在19世纪已经结束活动，但人们通常称活到20世纪的穆莱·艾哈迈德·埃尔·拉伊苏尼为"最后的海盗"。他反对政府和苏丹，绑架了无数人，其中包括《泰晤士报》记者沃尔特·哈里斯。他还拥有一支海盗船队。

▲ 西曼也被称为"舞者西蒙"（Simon the Dancer）

巴巴里地中海平底船

高速奴隶船，15—17世纪

巴巴里海盗使用各种船来捕猎穿越地中海的船只。其中最常用的是地中海平底船，这是一种主要由桨推动、辅有风帆的小型桨帆船。它划行速度极快，海盗们可以迅速发动袭击，也可以在受袭后迅速逃离，而且用它追赶满载货物的笨重商船也很轻松。地中海平底船体积小，利于海盗藏身。不过，这种船只能在夏季平静的海域上航行，因为它干舷低，在波涛汹涌的海面上很容易进水。

海盗们最喜欢地中海平底船，但有时也会使用具有25对桨的桨帆船，它能承载更多的枪炮与船员，因此战斗力更强。海盗们偶尔也会使用较小的西班牙长船（barca longa），这种船特别适合侦察和短程突袭。

三桅船是最具代表性的巴巴里船只之一，主要用于贸易，基本由风帆而非船桨提供动力。它携有三面三角形风帆，可以近距离顺风航行，并且拥有多达16门火炮，在追击敌船时非常有效。波拉卡帆船（polacca）的功能并不那么广泛，主要用于运载货物。外表极具欺骗性的单桅塔坦船（tartan）深受海盗们喜爱，因为敌人经常将其误认成渔船。

总之，巴巴里海盗拥有多种船，这也能够表明他们的装备比较齐全。

数量众多

巴巴里海盗拥有大量地中海平底船。据资料显示，16世纪中期，多达50艘地中海平底船及其他几艘更大的帆船驻扎于阿尔及尔。海盗从那里出发，前往巴利阿里群岛或直布罗陀海峡，伺机捕获来往的船只。

火力强大

船首中央安有一门大炮，可发射5.4至11.8千克重的炮弹。这些炮弹通常会轰炸敌方的船体，破坏性极强。随后，海盗成功劫船，俘虏船员，掠夺物资。

旋转枪炮

地中海平底船的船首平台上通常会安装旋转枪炮，每艘有2到10门不等。海盗们瞄准敌方甲板，发射450克的炮弹或弹片袋，为登船扫清障碍。

单桅杆

巴巴里地中海平底船有一根桅杆，上面挂有三角形大帆，呈一定角度安装在长长的船身上。这种船的设计具有葡萄牙风格（1440年，葡萄牙人制造出多桅三角帆船，这种船型在16世纪盛行），估计所有三角形帆基本都是在1500年后才安装上的。

船体干净

海盗们清除船体下部的藤壶和杂草，并用蜡涂抹船体，以确保船得到良好的维护。这样，船的航行速度就能达到每小时15千米，有时甚至能达到每小时22.5千米。

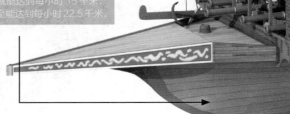

长度短

巴巴里船没有确切的尺寸记录，但威尼斯的原始造船资料显示，它们宽 3 米，长 27 米。照这么算，它们的长度是英国双层巴士的 1.5 倍，而宽度则大致相同。水线与船底之间的直线距离（即船的吃水）为 2 米。

重要物资

海盗将在海上停留数周。地中海的天气常常十分炎热，因此，船上必须有足够的补给。他们通常会带约 1800 加仑的水，大约可供 140 人维持 20 天。此外，海盗还可以从其他基地获得额外补给。

① 1加仑≈3.785升——编者注

奴隶划船

海盗使用"多人划一桨"模式来操作船，每只桨由两名桨手负责。这种模式的好处是不需要找太多训练有素的人，只要划桨的引导者经验丰富就足够了，其他桨手可以是强壮的奴隶，他们负责出力就好。

吃水浅

地中海平底船从吃水线到上甲板的直线距离很短，这减少了船只的阻力，使其能够更快地在海中移动。但这也意味着它不适合在开阔水域长时间航行，毕竟其船体相当狭窄。

大量船桨

历史上的地中海平底船是一种小型桨帆船——主要动力是划桨。为此，它们需要有成套船桨，一般有 16 到 20 对（不过通常都是 18 对）桨，每对均整齐地列于船的两侧。

殖民时代

沙卡的生平资
料被那些希望利用
他故事的人篡改。

跨大西洋奴隶
贸易的开端

◉◉◉

揭开历史上极其黑暗却鲜为人知的
奴隶贸易的起源

当弗朗西斯科·德·罗萨（Francisco de Rosa）在"圣玛丽亚"号的甲板上眺望新大陆时，他正为自己圆满完成航海任务而感到满足。德·罗萨从现在西非毛里塔尼亚海岸边的阿尔金小岛出发，横渡大西洋，载着一批昂贵货物安全抵达波多黎各。在这批货物中，至少有54名非洲奴隶。

德·罗萨1520年的航行是已知的第二次奴隶贸易航行，他可能还指挥了一年前的第一次奴隶贸易航行，并至少运送了60名奴隶。这两次都属于奴隶贸易中的首批航行。400年后跨大西洋奴隶制被废除时，已有1200多万非洲人被强行运往大洋彼岸。这就是肮脏的跨大西洋奴隶贸易。

15世纪初，欧洲人对地中海沿岸以外的非洲大陆知之甚少。卡斯提尔[1]和葡萄牙的海员们研究完大西洋洋流和风向的规律后，才开始乘小型帆船向

① Castilla，西班牙历史上的一个王国。——译者注

南探索。卡斯蒂利亚人于1402年控制加那利群岛；葡萄牙探险家则于1419年发现了无人居住的马德拉群岛，1427年发现了亚速尔群岛，1456年发现了佛得角。

这些岛屿气候宜人，土壤肥沃，非常适合种植葡萄和甘蔗。于是，早先殖民者很快在此定居。然而，他们不想从事艰苦的体力劳动。尽管加那利群岛的土著人是理想的劳动力来源，但毕竟数量有限。很快，他们找到了其他来源。除探索东大西洋水域之外，航海家们还沿着非洲海岸推进，超越了之前已知的博哈多尔角，于1441年到达布兰科角，1443年到达阿尔金湾，1444年到达维德角。在那里，他们误打误撞发现了一个有着数百年历史的贸易网络，在这个网络中，西非各国的奴隶被卖给阿拉伯商人，随后跨过撒哈拉沙漠，最终被运往北非。

▲ 欧洲人将非洲奴隶贩运到大西洋彼岸的新大陆充当劳工，由此诞生了跨大西洋奴隶贸易

跨撒哈拉奴隶贸易利润丰厚，这意味着西非极度富裕，如马里帝国、桑海帝国的统治者都进行过奢华的麦加朝圣。而刚果王国拥有50万人口，富裕且贸易发达，其首都姆班扎·孔戈极其繁荣。

于是，欧洲探险家飞蛾扑火般来到非洲海岸，渴望与西非富裕的统治者交易。1445年，在现代毛里塔尼亚海岸附近，葡萄牙人在一个避风海湾的小岛上建立了贸易站。阿尔金为商人们提供了一个基地，他们可以从这里获得黄金和其他商品，包括奴隶，这些奴隶可以在欧洲或东大西洋的殖民岛卖到相当好的价钱。1455年，每年从阿尔金运往葡萄牙的奴隶多达800人；直到15世纪末，葡萄牙已经从非洲海岸运来了约81000名奴隶，里斯本人口里疑似非洲人或非洲人后裔的不止十分之一。

欧洲及其殖民地使用非洲劳工，本来只是为了使西非贸易港口保持稳定的少量奴隶交易。然而，首批探险家从大西洋彼岸找到了广袤的土地之后，他们对奴隶的需求急剧上升。

当克里斯托弗·哥伦布于1492年抵达伊斯帕尼奥拉岛（今海地及多米尼加共和国）时，这里可能正居住着数十万泰诺人土著。然而，暴力的西班牙殖民者将任何反对的原住民都无情砍杀。同时，泰诺人对欧洲疾病毫无免疫力，导致患病，从而人数大量减少；在伊斯帕尼奥拉岛和波多黎各首次流行的天花可能夺去了约三分之二原住民的生命。短短30年内，当地人的数量骤减了约85%。1514年，根据西班牙人口普查，在西班牙控制下的泰诺人只剩26000名。西班牙人在新大陆发现了富饶的金矿和耕田，但如果没有人劳动，这将毫无用处。

悲剧在整个加勒比海地区不断重演——可能仅在西班牙扩张的最初二三十年间，岛上数百万的原住民就已经丧命。由于当地没有劳动力，西

班牙人将奴隶从非洲西海岸运往欧洲，再从欧洲运往新大陆。已知第一批登陆美洲的非洲奴隶于1502年抵达伊斯帕尼奥拉岛，而1513年则有四名非洲奴隶从欧洲被运到古巴。西班牙人失去一个奴隶，就从大洋彼岸再运一个过来填补。

1518年8月18日，西班牙国王查理一世签发了一份新文件。该文件允许国务委员会成员洛伦佐·德·戈雷沃德（Lorenzo de Gorrevod）"直接从几内亚群岛和惯常运送黑人的其他地区出发"，用船将"4000名黑人男女奴隶"运往"已发现或将发现的印度岛屿和大陆"。由此，新的跨大西洋奴隶贸易变得高效而无情。

这份特许文件是对德·戈雷沃德工作的赞赏，也是赏赐给他的发财机会，他第一次有机会从这条新的贸易路线中获利，但他无意直接参与人口贸易。他的特权被多次转包和转售，最后落入热那亚商人多明戈·德·福纳里（Domingo de Fornari）、两名卡斯蒂利亚商人胡安·德拉托雷（Juan de la Torre）和胡安·费尔南德斯·德·卡斯特罗（Juan Fernandez de Castro），以及驻塞维利亚的热那亚银行家加斯帕尔·逊邱伦（Gaspar Centurion）手中。他们安

排大量海员，命他们将4000名非洲奴隶从大西洋的一侧运送到另一侧。航行至少进行了4次，分别在1519年、1520年（即本文首段的航行）以及1521年的5月和10月。每次航行都从阿尔金出发，并在波多黎各登陆。不过，海上也有从阿尔金前往伊斯帕尼奥拉岛的其他船只。此外，1518年至1530年至少还有6次从佛得角到加勒比海的奴隶运输。

1522年，奴隶直航运输新增一个起点：沿非洲海岸线航行约2000英里的圣多美岛，在今日加蓬的正对面。1522年，一艘载有139名奴隶的船只横渡大西洋；1529年横渡的另一艘船上载有多达248名奴隶。第一批奴隶于1526年抵达北美洲大陆，当时的西班牙正试图殖民圣米格尔·德·瓜尔达佩，但最终失败。在墨西哥坎佩切墓地中埋葬着非洲人，这表明埃尔南·科尔特斯（Hernán Cortés）一征服阿兹特克和玛雅帝国，非洲奴隶就被运到了中美洲。新大陆的殖民化与奴隶制密不可分。

跨大西洋奴隶贸易应运而生。从少量奴隶交易开始，跨洋奴隶数量与日俱增。英国很快就超越了西班牙，在18世纪运送了数百万奴隶。

奴隶贸易的伤痕遗留至今。殖民地奴隶的劳动帮助欧洲列强成为富裕的工业国家，而非洲人民的生活和经济却因此停滞不前，甚至落后于世界其他地区。欧洲日益增长的需求意味着贩奴的

▲ 在欧洲人到来之前的几个世纪，阿拉伯奴隶贩子就一直在购买和运输非洲奴隶

非洲统治者需要有同速增长的奴隶劳动力随时供应。然而供需矛盾引发了战争。非洲大陆从此动荡不安，留下了部落冲突和内战的后遗症。非洲人散居在南北美洲，但种族偏见长期存在，在奴隶贸易结束后仍一直延续到21世纪，尤其是在美国。长达400年的跨大西洋奴隶贸易所造成的恶果是大航海时代的后遗症。

在首批探险家从大洋彼岸带着"无主之地"的传说归来后，殖民国家对奴隶的需求急剧上升。

奴隶中心

1. 阿尔金（Arguim）
欧洲在非洲沿海最早的奴隶贸易基地之一，建于 1445 年。

2. 圣多美（São Tomé）
将奴隶从刚果王国贩运到美洲的枢纽。

3. 埃尔米纳城堡（Elmina Castle）
建于 1482 年，用以囚禁奴隶，是撒哈拉以南最古老的欧洲建筑。

4. 加那利群岛（Canary Islands）
欧洲最早对非洲奴隶的需求源于东大西洋岛屿殖民地对劳动力的需求。

5. 伊斯帕尼奥拉岛（Hispaniola）
1502 年，已知的第一批经欧洲中转的非洲奴隶迂回抵达美洲伊斯帕尼奥拉岛。

6. 圣米格尔·德·瓜尔达佩（San Miguel de Gualdape）
由卢卡斯·巴斯克斯·德·艾隆（Lucas Vázquez de Ayllón）于 1526 年建立，600 名西班牙殖民者尝试在北美洲大陆殖民，殖民者中甚至包括奴隶。

北美

南非

贩奴之路

除了跨大西洋奴隶贸易三角之外，在欧洲人殖民美洲之前也存在着贩奴之路，例如阿拉伯人的跨撒哈拉奴隶贸易。

1. 三角贸易开端
最初，欧洲制成品被运往非洲，奴隶贩子用此换取奴隶。

2. 中间航道
这是奴隶贸易中最惨无人道的一环，在跨越大西洋的六到八周的航程中，奴隶们一直被关押在狭窄、肮脏的地方。许多人甚至在半路死亡。

跨大西洋三角

早期的跨大西洋奴隶贸易
源于其他更古老的
奴隶贸易网络

欧洲

非洲

其他路线

1. 跨撒哈拉
700—1900 年
阿拉伯商人利用撒哈拉沙漠中的绿洲，将奴隶从瓦加杜帝国和马里帝国运往阿拉伯王国（今摩洛哥和突尼斯）。

2. 克里米亚汗国
700—1900 年
克里米亚汗国与奥斯曼帝国进行贸易，为其提供从东欧和俄罗斯西北部捕获的战俘。

3. 伏尔加河流域
800—1100 年
居住在北欧的维京人在伏尔加河沿岸袭击斯拉夫人，并将他们卖给南方的拜占庭或阿拉伯买家。

3. 三角贸易闭环
奴隶在种植园中耕作，生产的原材料（棉花、糖、橡胶和烟草）被运回欧洲工厂。

▼奴隶通常是由非洲同胞俘获的

跨大西洋奴隶贸易大事年表

◉◉◉

葡萄牙人发起跨大西洋奴隶贸易

1526 年
从非洲到巴西的贸易路线

▲ 葡萄牙奴隶贩子在贩奴时向非洲的国王致敬

约翰·霍金斯爵士建立英国奴隶贸易

1562—1569 年
从英国到非洲和新大陆的贸易路线

约翰·霍金斯爵士（Sir John Hawkins）从英国出发，先后三次抵达西非海岸的塞拉利昂和伊斯帕尼奥拉岛。他是已知的第一个积极参与跨大西洋奴隶贸易的英国人。他所开辟的三角贸易路线成为后面两个多世纪的标准路线。船只满载货物，从英国和其他欧洲国家的港口出发，前往非洲海岸换取奴隶。奴隶通过中间航道被运过大西洋，作为劳工卖给新大陆的种植园主。最后，船只将棉花、蔗糖、朗姆酒、烟草和咖啡等商品运回欧洲。

▲ 约翰·霍金斯爵士是已知的第一个英国奴隶贩子，也是跨大西洋三角贸易路线的开辟者

国王詹姆士一世特
许伦敦冒险家团队
前往非洲港口贸易
1618 年
英国伦敦

▶ 波士顿著名地
标法尼尔厅由奴隶
贩子彼得·范尼尔
（Peter Faneuil）
所建，他在附近举
办奴隶拍卖会

■ 马萨诸塞州奴隶制法律
1641 年 12 月 10 日
马萨诸塞州波士顿
约翰·温斯罗普州长（John Winthrop）是
一名奴隶主，也是《马萨诸塞自由法案》的
主要作者，该法案是北美第一部将奴隶制合
法化的法律汇编。1624 年，塞缪尔·马弗里
克（Samuel Maverick）将自己的两名奴隶
带到英国殖民地。1634 年，非洲奴隶首次被
直接运输到马萨诸塞州。
1638 年，奴隶船"欲望"号从加勒比海的巴
巴多斯运来了非洲奴隶，他们被用来交换在
新英格兰被俘的佩科特部落成员。1755 年至
1764 年，马萨诸塞州的奴隶人数上升到当地
总人口的 2.2%。

▲ 马萨诸塞州州长约翰·温斯罗普是一名奴隶主，也
是殖民地奴隶制法律的起草人之一

■ 在詹姆斯敦引入奴隶
1619 年 8 月 20 日
弗吉尼亚州詹姆斯敦
英国私掠船"白狮"号从加勒比海出发，抵达离弗吉尼亚
州詹姆斯敦不远的康福特角（今汉普顿路），詹姆斯敦是
北美第一个永久性英属殖民地。他们用 20 名非洲奴隶换取
食物和其他必需品。这是英属北美殖民地进口的第一批奴
隶。在长达 4 个世纪的时间里，约有 1200 万到 1300 万
非洲奴隶被欧洲商人带到北美和南美，充当农民、家仆和
劳工。

▲ 1619 年，非洲奴隶乘"白
狮"号抵达弗吉尼亚州詹姆斯
敦，船只停靠在岸边

▲ 在弗吉尼亚殖民地，烟草成为一种利润丰厚的经济作物。奴隶在烟草生产中发挥了重大作用

人类的奴役

从最早有文字记载的历史开始，奴隶制或非自愿奴役的概念就已经存在。随着社会阶级的出现，奴隶制在苏美尔和美索不达米亚发展起来，《汉谟拉比法典》甚至称其为一种有目的且有一定社会地位的制度。奴隶制在文明社会中的发展源于对劳动力的需求，也就是对增加财富或提高地位的需求。奴隶的来源有多种：或是在突袭中被抓获后被运往市场作为商品出售；或是在敌对王国或帝国的战争中被俘；或是被近亲出卖或遗弃，服务于君主或社会地位较高的人；或是因某些严重罪行而受到惩罚的人。

从公元前3500年起，有关苏美尔奴隶制的记录一直流传至今。《圣经》中关于奴隶制的记载比比皆是，尤其是关于神救希伯来人民脱离埃及奴役的故事。奴隶制不仅限于西方文明，在亚洲、非洲的文化中也有相关记载。

奴隶制与人类文明一样古老，体现了人性最卑劣的一面。

■ 特许经营的皇家非洲公司
1672 年 9 月 24 日
英国伦敦
国王查理二世向皇家非洲公司颁发特许状，由此，该公司实际上垄断了非洲西海岸的英国奴隶贸易，经营范围从好望角一直延伸到撒哈拉沙漠西端。皇家非洲公司由约克公爵（Duke of York）领导，他就是未来的国王詹姆斯二世，查理二世的弟弟。由于背靠众多贵族，这是跨大西洋贸易史上运送奴隶最多的企业。

▲ 国王查理二世将皇家非洲公司的领导权授予他的弟弟，未来的国王詹姆斯二世

▲ 罗马奴隶披枷戴锁，艰难前行，走向不见光明的未来

▲ 这名武装的牙买加"马隆人"是反对英国"平叛"的典型代表

▶ 《鼓民》（*Drumfolk*）
的灵感就来自于斯托诺叛乱

斯托诺叛乱爆发

1739 年 9 月 9 日
南卡罗来纳州

杰米，又名卡托，是一名识字的奴隶，他率领 20 名奴隶沿南卡罗来纳州低地海岸发动起义。他们从斯托诺河畔的种植园开始组建起义团，逐渐发展到 80 多人，在向佛罗里达进军的过程中，他们杀死了 25 名殖民者。西班牙人在佛罗里达承诺给逃离英国的奴隶以自由。然而，在埃迪斯托河附近，南卡罗来纳州民兵镇压了起义，杀死了 35 至 50 名奴隶。

第一次马隆战役

1728—1740 年
牙买加

在加勒比海牙买加岛还受西班牙统治的时候，就已经有奴隶试图逃跑，他们逃到山区和偏僻地区，与土著人混居，保持一定程度的自由。1655 年英国从西班牙手中夺取牙买加的控制权后，起义爆发，"马隆人"①数量大增。英国试图平息骚乱，但事态发展不尽人意，第一次马隆战役爆发。英国投入了大量军队进行"平叛"，但双方僵持不下。最终，他们达成协议，马隆人可以在不受英国干涉的情况下在某些地区生活，作为交换，他们也应协助归还逃奴，并保护牙买加免受其他外来威胁。

① 马隆人，是指殖民地时期，加勒比海地区的逃亡黑奴及其后裔。——编者注

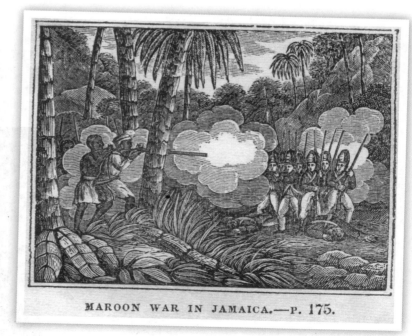

MAROON WAR IN JAMAICA.—P. 175.

▲ 牙买加"马隆人"向在丛林中行进的英国士兵开火

格兰维尔·夏普（Granville Sharp）对英国奴隶贸易的合法性提出质疑
1765 年
英国伦敦

杜桑·卢维杜尔（Toussaint L'Ouverture）领导圣多明各奴隶起义
1791 年
法属加勒比殖民地圣多明各

美国禁止非洲奴隶贸易
1808 年
华盛顿特区

轧棉机的发明
1794 年
佐治亚州萨凡纳

西班牙废除奴隶贸易
1820 年
西班牙马德里

废除奴隶贸易法案
1807 年 3 月 25 日
英国伦敦
威廉·威尔伯福斯（William Wilberforce）及其同伴致力于废除英国奴隶制，在他们的努力下，议会通过了《废除奴隶贸易法案（1807）》。然而，当时的奴隶贸易仍然是英国最有利可图的商业活动之一，虽然该法案禁止奴隶贸易，但并没有废除奴隶制度；不过，英国敦促其他国家也废除奴隶贸易。1833 年，英国通过《废除奴隶制法案（1833）》，终于正式结束奴隶制。

▲ 这枚寓意深刻的徽章成为英国反奴隶制协会的标志

▲ 威廉·威尔伯福斯为英国废除奴隶制作出不懈努力

▲ 这幅版画记录了奴隶起义者纳特·特纳于1831年10月30日被抓获

■ 纳特·特纳起义
1831 年 8 月 21—23 日
弗吉尼亚州南安普顿县
纳特·特纳（Nat Turner）是一名奴隶兼传教士，他领导了美国历史上最著名的奴隶起义。特纳和其他大约 70 名奴隶手持斧头和棍棒，开始了他们短暂的叛乱，他们怒火中烧，杀死了 50 多名白人。几天内起义就在贝尔蒙特种植园被镇压，但特纳仍逃亡了两个月。在弗吉尼亚州的报复浪潮中，他被抓获并被处决，此次共处决了约 160 名黑人。

▲ 这幅木刻描绘了弗吉尼亚州纳特·特纳奴隶起义事件

议会通过《废除奴隶制法案（1833）》
1833 年
英国伦敦

奴隶制的特征

奴隶制最基本的含义是威胁或拘禁个人，令其非自愿地为他人的利益履行某种职能。

奴隶包括那些被扣押和贩卖的人，那些在战争期间被俘房并被迫为胜者服务的人，以及那些被家人终生卖给统治者的人。在殖民时代，契约奴隶支付完前往美国的旅费之后，奴隶主会允许其从事一段特定时期（通常为7年）的工作去挣钱。囚犯在偿还完所谓的债务后，往往可以被雇为劳工，反之，另一些人则因积累并拖欠大量债务而被奴役。

时至今日，有形的奴隶制锁链已经解开，但世界各地仍有数以百万计或老或幼的人处于无形的非自愿囚禁之下。尽管政府和执法部门都已经为根除这一古老的恶行做出了最大努力，但以廉价劳动力和非法性交易为目的的人口贩运活动依旧猖獗。

▲ 此图题为"奴隶市场"，描绘了那些被卖为奴隶的人的绝望

奴隶劫持奴隶船
"阿米斯塔德"号
1839 年
大西洋，北美海岸附近

巴西推行反奴隶
贸易法
1850 年
巴西里约热内卢

◀ 德雷德·斯科特

德雷德·斯科特案判决

1857 年 3 月 6 日
华盛顿特区

德雷德·斯科特（Dred Scott）是一名奴隶，曾随奴隶主从密苏里州一同前往自由州伊利诺伊和威斯康星。他后来重返密苏里，在主人死后起诉要求获得自由。他坚信自己到过自由领土，从此不再是奴隶。在密苏里州法院和美国联邦法院均败诉后，他上诉至美国最高法院，而最高法院以 7 比 2 裁定斯科特败诉。

在这一里程碑式判决中，首席大法官罗杰·塔尼（Roger B Taney）写道，黑人"不在宪法中'公民'一词的范围内，立法者也无意将其包括在内"，因此，德雷德不能要求享有美国公民的任何权利。

▲ 在德雷德·斯科特案判决中，首席大法官罗杰·塔尼撰写了主要意见书

▲ 哈珀斯费里的消防车房已在原址重建

▲ 废奴主义者约翰·布朗领导了对弗吉尼亚州哈珀斯费里联邦军火库的袭击

约翰·布朗起义

1859 年 10 月 16—18 日
弗吉尼亚州哈珀斯费里

废奴主义者约翰·布朗（John Brown）率领 22 人发动突袭，夺取了位于弗吉尼亚州哈珀斯费里的联邦军火库。先前布朗就曾参与其他反奴隶制行动。布朗及同伙被罗伯特·李（Robert E Lee）领导的美国海军陆战队困在军火库的消防车房里。海军陆战队员 1 人死亡，1 人受伤。而突击队员 10 人死亡，7 人被俘，仅有 5 人逃脱。布朗被判犯有叛国罪，于 1859 年 12 月 2 日被处决。

《解放黑人奴隶宣言》
1863 年 1 月 1 日
美国华盛顿特区
内战正酣，在安提塔姆战场取得微弱的胜利后，亚伯拉罕·林肯总统发布了《解放黑人奴隶宣言》。宣言没有解放当时美国本土所有的奴隶，实际上，马里兰州、肯塔基州和密苏里州等边境州都被排除在外。并且，由于叛乱领土并未完全处于联邦控制之下，该文件的发布主要是为了给战争增加更多新的支持者。

▲ 亚伯拉罕·林肯总统于1863年1月1日发表《解放黑人奴隶宣言》

▲ 奴隶戈登背上的伤疤昭示着奴隶制的残忍

美国废除奴隶制
1865 年 12 月 6 日
美国华盛顿特区
美国宪法第十三修正案获得了美国 36 个州中 27 个州的认可，由此废除了奴隶制和非自愿奴役（作为对犯罪的惩罚除外）。

葡萄牙封锁通往美洲的最后一条奴隶之路
1870 年
葡萄牙里斯本

巴西成为美洲最后一个结束奴隶制的国家
1888 年
巴西里约热内卢

六月节（Ju-neteenth）纪念奴隶制的废除
1865 年 6 月 19 日
美国

邦联主要军队投降，美国内战真正结束
1865 年
弗吉尼亚州阿波马托克斯法院；北卡罗来纳州达勒姆贝内特广场

▲ 美国众议院议员庆祝第十三修正案获得批准

▲ 俄亥俄州众议员詹姆斯·米切尔·阿什利（James Mitchell Ashley）曾于1863年提出废除奴隶制的宪法修正案

▲ 第十三修正案为美国内战结束后制定的三项修正案中的第一项

奴隶贸易真相

揭露恐怖的跨大西洋奴隶贸易背后一些令人震惊的统计数据

奴隶船上有

47% 男人

26% 女人 **26%** 儿童

36000

1514 年至 1866 年期间有 36000 场运奴远征

6% 去到北美

55% 去到巴西或南美洲西语国家

35% 去到加勒比海

80 天

从非洲到新大陆的路程

多达 **16%**

奴隶在中间航道死亡

1250+

1250 万非洲奴隶被运送到大西洋彼岸

超 **4000** 英里

中间航道

310万至340万

奴隶由英国商船运送

250~600

每艘船有 250 至 600 名奴隶

$40000

以今天的汇率计算，在美国南部，一个奴隶的平均成本为 40000 美元

美利坚合众国的黑人人口

27817 1700年
757208 1790年
4441830 1860年

其中 390 万人是奴隶

1/3

新抵达的奴隶会在三年内死亡

1/2

的奴隶儿童在出生后一年内死亡

奴隶儿童的死亡率是南方白人儿童的 2 倍

£20

1833 年，英国废除奴隶制后对奴隶主的补偿达 2000 万英镑（合今约 170 亿英镑）

£0

废除奴隶制后对奴隶及其后代的补偿为 0 英镑

2015年

英国纳税人终于还清用于补偿奴隶主的银行贷款的最后一笔分期付款

奴隶制的影响

◎◎◎

那些奴隶的家乡后来怎么样了？

许多人都清楚奴隶贸易对欧洲和北美洲的影响——令其致富，并为工业革命提供资金。在欧洲，中产阶级开始崛起，他们有更多闲暇时间喝茶，喝加糖咖啡，品巧克力，用异国香料，穿异国织物，以及听异国旅行和探险的故事。我们也清楚奴隶贸易对加勒比海和拉丁美洲的影响，原住民经历了难以言状的杀戮与病灾，几乎灭绝。

与此同时，葱郁的土地被辟为种植园，非洲奴隶在上面收获蔗糖、棉花、烟草、大米和许多其他作物，这些作物很快成为欧洲人的必需品。但与奴隶们被运往海外后的生活相比，奴隶贸易对非洲的影响几乎无人提及，其实在这一时期，非洲每天都有人被偷走。

在欧洲奴隶贩子到来之前，西非有着复杂的

▲ 塞拉利昂河的邦斯岛由英国商业组织管理，是奴隶的主要来源地

政治、经济、语言、文化和历史。就像这一时期的欧洲一样，政治力量对比也在不断变化。战争连绵，王国被推翻又重兴，城邦被摧毁又再建。由于西非内部的多样性，我们甚至很难用简单的"西非"一词来将其归为一类。事实上，几个世纪以来，西非人一直通过北非商人间接地与欧洲进行贸易。最早踏上非洲土地的欧洲商人是15世纪的葡萄牙人，而其他欧洲列强也迅速跟进。

当时，非洲各地同时进行着4条奴隶贸易路线。跨撒哈拉贸易路线从南部出发，穿过撒哈拉沙漠，然后将奴隶卖到北非。红海贸易路线将奴隶从内陆运往中东和印度。印度洋贸易路线则将东非奴隶卖到中东、印度和印度洋彼岸的种植园岛屿。

然而，跨大西洋奴隶贸易路线无疑是其中规模最大、人口最多、最系统又最残酷的。它标志着非洲大陆奴隶制度的重大扩张，非洲的经济和生活方式都随着奴隶制改变。这是历史上规模最大的长距离强制移民。

在奴隶贸易变得更加残酷之前，西非港口是充满活力和多样化的市场，这里出售来自世界各地的商品。欧洲人想要黄金、象牙和香料（主要是胡椒）。他们从一开始就绑架和买卖非洲人，但直到17世纪，欧洲对黄金的需求放缓后，奴隶贸易才取代黄金贸易成为商业焦点。

贸易联盟的复杂网络聚集了一批批待售奴隶。这些人通常是战俘或罪犯。欧洲人用以交换奴隶的主要商品之一是枪支火器。

金属枪支和武器传入非洲社会的后果是毁灭性的，各族群开始使用枪支和武器作为自卫手段，以此对抗欧洲奴隶贩子和其他非洲村落，后

▲ 奴隶堡垒位于塞内加尔达喀尔的戈雷岛上，用来在上船前关押和看守俘房

者可能试图发动战争或偷走敌村村民作为奴隶出售。这就形成了一个恶性循环：西非人需要枪支来防止自己的村民被抓走卖掉，但为了买枪，他们又得抓获并卖掉奴隶。因此，为抢夺人口，村落之间不断发生暴力掠夺和袭击。西非横尸遍野。

有些王国和城邦因此灭亡；而有些则逐渐富强，如阿散蒂和达荷美。达荷美于1600年前后兴起，武装精英在建国之初就将掠夺奴隶视为一种生活方式，但持续不断的战争很难维持政治稳定。延续至今的民族分裂就与这一时期有关。

至于非洲社会在多大程度上参与了贩卖奴隶活动，又在多大程度上助长了贩卖和虐待人口的行为，我们只能得出大概的结论。大量证据显

人们逐渐有了共识：要么主动接受，要么被迫接受。

▼ 一幅描绘俘虏奴隶的壁画

被改变的社会：性别、阶级和种族

在那些只有部分人被绑架的地方，性别失衡随之产生。被绑架的更多为男性，女性因被认为作用较小而被留下。她们留下来维持村庄的运转，承受着重建和支撑村庄的巨大压力。

然而，女人突然变多，却没有足够的男人结婚，这导致一些地区产生了一夫多妻制。然而这种新的生活方式实际上降低了生育率，导致该地区更无法摆脱人口增长停滞的问题。

女性的角色因奴隶贸易而变化，而一个新的"商人王子"（merchant princes）阶层却因此发现致富的途径。酋长和国王的孩子中，有许多人接受过欧洲

教育，还有人本身就是能说欧洲语言的混血儿。他们逐渐对自己有了新的定位。鉴于他们在社会中的模糊地位——黑人，但富有、受过教育并在一定程度上受白人尊重——这些"商人王子"可以担任中间人，为自己攫取可观的利润。

虽然奴隶贸易带来了大量新的就业机会，例如搬运工、翻译、守卫、士兵和小贩。但这些工作机会实际上只针对特权阶层，而并非面向全体非洲人民。极少数非洲村民能直接参与奴隶贸易并获得一些好处，而对于大多数和平、无辜的村民来说，人员的大规模损失，造成了难以想象的影响。

▲ 从内陆运到海岸的一"串"奴隶

示，许多非洲国家，如安哥拉，强烈抵制被卷入奴隶贸易的经济体系中。他们经常损坏贩奴船只，奋起反抗奴隶贸易制度。

然而，随着奴隶贸易的价值不断攀升，各国不可能不参与奴隶贸易。要么卖奴隶，要么被抛弃。那些不参与的国家将变得一贫如洗。人们逐

渐有了共识：要么主动接受，要么被迫接受。由于整个经济体系都建立在贩卖人口的基础上，根本不是"要不要"的问题。与其纠结非洲人自身是不是共犯，不如说这是一个关乎需求和生存的问题，普通人和日常生活只是历史这一巨大系统中的小齿轮罢了。

非洲国家严重依赖人口贩卖。

那些非洲酋长和精英会成为欧洲人的目标，并受后者影响——欧洲人向他们提供奖赏和财富以换取奴隶。他们的孩子被送到欧洲学习。欧洲人带来的好处实在是太多了，许多非洲酋长都不愿废除奴隶制。废奴之后，欧洲人仍旧热衷于在非洲寻找奴隶以外的其他贸易产品，尤其是石油。这可以让非洲酋长仍旧处于负债状态，继续依赖欧洲。与其说非洲人是欧洲奴隶贸易的同谋，不如说他们只是仆从和服务商。

奴隶贸易从根本上改变了西非许多地区的人口面貌。有时，整个村庄都被洗劫或被屠杀毫无人迹。学者们认定，西非的人口曾持续减少。根据历史学家帕特里克·曼宁（Patrick Manning）的研究，1850年非洲的人口只有奴隶贸易之前

的一半。欧洲帝国主义者带来了梅毒、天花、斑疹伤寒和肺结核等疾病，这更是雪上加霜，多数非洲人对此毫无免疫力。

人口的减少和社会的不稳定造成了非洲与欧洲之间经济的严重失衡，并导致西非无法从人口被偷盗和被抢夺中恢复。西非曾经是一个繁荣的经济中心，如今却被蚕食殆尽，而利润却使欧洲在经济上遥遥领先。要知道，在此之前欧洲的经济发展水平远不及西非。当时非洲的经济模式还是劳动力和农业密集型的，而在人口大量流失的情况下，这种模式根本无法继续发展，而且也根本无法使农业资源优势成为新的经济贸易增长点，从而取代奴隶贸易。

事实证明，一些地区被掳走的人越多，其

▲ 描绘冈比亚奴隶贸易的壁画

▲ 壁画中的奴隶贩子正在就西非加纳奴隶的价格进行讨价还价

经济和社会发展速度越慢。例如，尼日利亚和加纳的奴隶贸易曾经特别猖獗，而直到今天，其人口识字率仍然较低。其他研究显示了一个更加讽刺的事实：如今，西非那些地形特别崎岖、交通特别不便的地区的经济要好于那些开阔沿海地区——封闭和偏远的内陆地区更难掠夺奴隶，因此人口流失率较低。地形阻碍了贸易，却反而保护了当地的经济。在世界其他地方，"崎岖不平"的地区通常经济更为贫困，但是在非洲却恰恰相反，这无疑与其奴隶贸易有关。

天气更凉爽时，更利于搜捕和绑架奴隶，因为此时奴隶不太会死于中暑或其他疾病，奴隶贩子就不需要花费太多精力来维持奴隶的生命。天气较凉爽的地区可能有更多的人被抓去卖掉。有关数据显示，当年天气最凉爽的地区就是如今最贫穷的地区。奴隶贸易导致的人口减少，至今仍

然对现代非洲经济产生负面影响。

为了维持生计，非洲国家变得严重依赖人口和枪支贸易。虽然非洲直到19世纪60年代才经历了直接殖民统治，但奴隶贸易可以追溯到16世纪。在这些年里，非洲慢慢变得贫穷，这最终导致了废除奴隶制后殖民者的"非洲争夺战"。

沿海地区的变化最大，原本平静的渔村和产盐村突然间建起了工厂、堡垒和监狱，并开始使用新的语言。该地曾经以陆路贸易为主，现在却成为海上航线和贸易网络的一部分，小村庄成为全球公认的港口。

当然，我们不能把西非500年的变化都归咎于奴隶贸易。变化是每个社会缓慢而又复杂的进程的一部分。更何况，并非整个西非都有变化。这是一个辽阔的地区，面积几乎与美国一样大，有些地方与欧洲人基本无关。与其他地方相比，

人们很少探讨奴隶贸易在西非造成的影响，因为这缺乏可靠的统计证据。另一个原因则是简单的"历史健忘症"，很少有人认为这是值得探讨的。

然而，西方人至今都有严重的刻板印象，他们认为黑人劣等、落后，活该被奴役。我们今天所知的种族主义当然并非始于奴隶贸易，毕竟，种族思维和根据身体特征对人进行分类的行为，由来已久。

西非原本繁荣的经济由于奴隶贸易而日渐衰退，欧洲人却选择将此曲解为非洲野蛮、落后。他们将欧洲从奴役和榨取中攫取的财富解释为其自身优越性的结果，而仍然置非洲于历史之外。多年来，人们自然而然地认为，非洲及其人民对历史没有重大贡献，没有至高成就，对世界现代化没有任何帮助。人们把这一切归咎于非洲人与生俱来的天性，而不是历史发展的轨迹。也许这种不公正的表述才是奴隶贸易造成的最大的影响。

那么，精神伤害又如何呢？几个世纪以来，西非人生活在持续的恐惧中，他们经历了创伤、损失，进而降低了劳动的生产力和积极性。不仅如此，创伤还将代代相传。根据对西非艺术和文学的研究和探索，在该地区的公众意识中，对绑架的持续恐惧，以及对社区、集体旅行的重视仍然普遍存在。这段奴隶贸易历史产生了深远和沉重的影响，即使在书面历史文献中没有保存，也能在文化形式中找到线索。

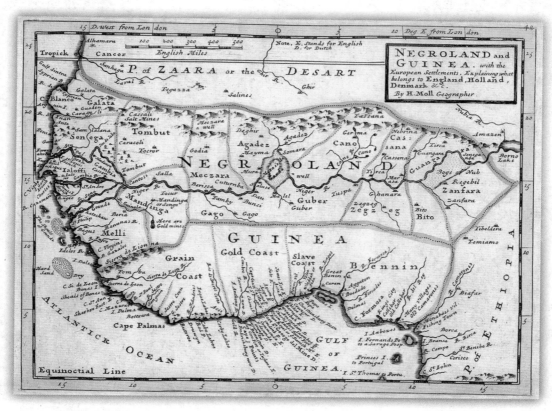

▲ 1772年描绘西非"奴隶海岸"的地图

米诺战士

◎◎◎

谁是让人闻风丧胆的"达荷美亚马逊"战士？
谁将恐惧植入人民心中？

米诺战士勇猛无情。在西非达荷美王国（今贝宁），有一支由女性组成的强大军团，这些女性令敌人闻风丧胆。

关于达荷美王国的建立有几种不同的说法，有说王国由多·阿克林（Do-Aklin）于1625年前后建立。同样，关于米诺战士本身的起源也有几种说法，这些故事有的是口口相传，有的则来自当代欧洲的书面资料。欧洲人称米诺为"达荷美亚马逊人"，这源于古希腊神话中的"亚马逊女战士"。不过，"米诺"一词，在当地语言中本意为"我们的母亲"，如今被用来指代这些女性。

通常认为，在17世纪的某个时刻，当女性成为乌埃格巴贾国王或其小儿子阿加贾国王的保镖时，米诺军团就形成了。女性是担任保镖的理想人选，因为男性被禁止在夜间与国王同入王宫。训练女兵的决定可能也受到了猎杀大象的女战士格贝托（Gbeto）的启发。但也有人认为，米诺是在阿加贾国王对奥约帝国的战争中形成的，当时军队后方有女扮男装的战士。不过，阿加贾国王上位前，其孪生兄弟阿卡巴国王死后，乌埃格巴贾的女儿塔西·杭贝（Tassi Hangbe）曾短暂统治过达荷美，可能她才是这支全部由女性组成的部队的创建人。

她们的训练也是为了令其从容面对死亡，确保她们能毫不犹豫地杀人。

▲ 1851年，米诺进攻埃格巴人的都城阿贝奥库塔

　　显然，米诺的起源存在争议，但可以肯定的是，她们由1818年至1858年统治达荷美的盖佐国王（King Gezo）编入军队。在他统治期间，米诺竟构成了王国约一半的武装力量。

　　征募女兵的原因之一是缺乏可参军的男子。之前的冲突损失了大量男性，且达荷美的经济在很大程度上依赖于奴隶贸易，大量男子被当作奴隶卖给欧洲商人，因此，有必要训练女兵以填补空缺。

　　事实上，英国维多利亚女王曾于1849年和1850年两次派遣皇家海军上尉弗雷德里克·福布斯（Frederick Forbes）前往达荷美，试图说服盖佐国王停止奴隶贸易。福布斯最终没有成功，

但他留下了一篇有关达荷美经历的文章，这为我们了解米诺战士提供了线索。

　　女性通常在十几岁时就被招募为米诺。许多人是自愿加入军团的，但也有人是由于蛮横任性而被父亲甚至丈夫强迫加入米诺军团的。并且，不仅限于本族妇女，米诺军团中还有女性战俘和在村庄袭击中被抓获的他族女孩。

　　作为训练的一部分，米诺需要参加一系列操练和武器训练——从达荷美首都阿波美王宫现存的浮雕上可以看出，女性使用的武器包括砍刀、棍棒和火枪。为了锻炼耐力，受训战士要反复爬上荆棘墙。训练是为了让她们能从容面对死亡，确保她们可以毫不犹豫地杀人。在一项旨在评估

▲ 1892年11月法国人进军阿波美

▼ 米诺战士以其在
战斗中的嗜血无畏而
闻名于世

尽管米诺非常凶残，但在武器装备和数量上，她们无法与法国人抗衡。

冷血残暴程度的测试中，新兵必须将被捆绑的战俘举过头顶，然后将其从高处摔死。

米诺住在王宫的围墙内，名义上是国王的妻子。然而，她们发誓独身，因为怀孕会妨碍作战。当她们走出王宫时，会有一名女奴紧随其后，提醒人们注意她们的到来，以便人们转移视线——男子不得注视米诺，若他们胆敢触碰，会被判处死刑。

米诺由不同部队组成，包括步枪手、收割手、弓箭手、枪手和受格贝托的启发而来的猎手。每个部队都有自己的制服、战歌和舞蹈，在游行时她们还会为国王表演。

米诺的军事才能备受瞩目，她们在政治上也发挥着作用。她们参加大议会，就政策进行辩论，尤其反对达荷美继续参与奴隶贸易。归根结底，米诺战士是这些女性可选择的一种独立形式，这些权利是普通妇女所无法拥有的。

当然，米诺也参加了许多战斗。例如，1727年，在阿加贾国王统治时期，她们帮助达荷美征服并吞并了维达王国。1851年，她们在阿贝奥库塔与埃格巴人作战，抓获战俘并将他们卖为奴隶。此次战役由赛东虹贝（Seh-Dong-Hong-Beh）领导，她指挥着一支由6000名米诺战士组成的军队。这些女战士决心要比男人更优秀，她们对国王忠心耿耿，宁死不屈。事实上，米诺确实比她们的男性同行勇敢得多，正如福布斯所言，"这些'亚马逊人'努力超越男性所做的一切"。

▼ 一群猎杀大象的米诺战士

米诺在1890年第一次法国－达荷美战争和1892年至1894年第二次法国－达荷美战争中证明了这一点。当时，在1884年至1885年的柏林会议上，非洲正遭欧美瓜分，而非洲领导人和非洲人民却没有话语权。这次会议使欧洲对非洲大陆的殖民合法化且正式化，法国成为西非最主要的殖民国家。

法国与盖佐国王签订了商业条约，让法国商人和传教士能够在维达和科托努港合法活动。然而，当1863年法国向达荷美附属国波多诺伏提供保护以对抗英国时，这种合作关系开始变质。盖佐的儿子格莱莱国王（King Glele）于1858年继位，他不满法国对波多诺伏事务的介入，也怨恨其在科托努日益增长的权利要求。

1889年格莱莱去世后，其子贝汉津国王（King Béhanzin）继位，他认为法国人损害了自己的君主权。1890年3月，紧张局势达到了沸点，贝汉津命令军队进攻科托努的法国人，第一次法国－达荷美战争由此爆发。米诺战士进入受保护的堡垒，与法国士兵展开白刃战。据说她们斩首了一些法国士兵，但同时一些米诺战士也被法军的大刀刺穿。米诺尽管非常凶残，但在武器装备和数量上，无法与法国人抗衡。达荷美人的一系列进攻均告失败，10月，贝汉津国王被迫将科托努让给法国人，并承认波多诺伏为法国的保护国。

不过，国王很快开始用现代武器重新武装士兵，期望再次与法国人对抗。米诺部队装备了温彻斯特步枪。第一次法国－达荷美战争结束两年后，第二次法国－达荷美战争爆发，达荷美袭击

▲ 米诺战士大多在青少年时期应募

▲ 2018年漫威电影《黑豹》（*Black Panther*）中的保镖多拉·米拉杰

了韦梅河谷的村庄，这是法国曾提出领土主张的地方。法国也向达荷美宣战。随着法国军队向首都阿波美逼近，一系列战斗接踵而至。米诺冲在前线，在1892年11月卡纳的最后一战中与法国人展开了殊死搏斗。然而，由于实力仍不足以抗衡法军，两天后她们被迫撤退，阿波美落入法军之手。阿波美的沦陷标志着达荷美王国的灭亡，王国随后并入法属西非。贝汉津选择放火摧毁所有的王宫，然后向北逃亡。1894年，他最终向法国投降，而后被流放到马提尼克岛，第二次法国-达荷美战争正式结束。

随着达荷美王国的崩溃，米诺军团也随之解散。虽然该军团已不复存在，但民间传言其中一些女性仍在秘密保护贝汉津的弟弟阿戈里·阿格博（Agoli-Agbo）。阿戈里同意代表达荷美王国投降，于是作为回报，法国授予他王位。

尽管米诺在一个多世纪前就已消失，但近年来人们对她们的兴趣与日俱增，还将其与漫威漫画中的多拉·米拉杰（Dora Milaje）进行比较，后者是一个全部由女性保镖和战士组成的组织。不过，更重要的是，米诺的传统——包括她们的歌舞与传说——如今仍由其女性后裔保留，她们的文化遗产得以传承。

▶ 1890年左右的米诺战士的照片

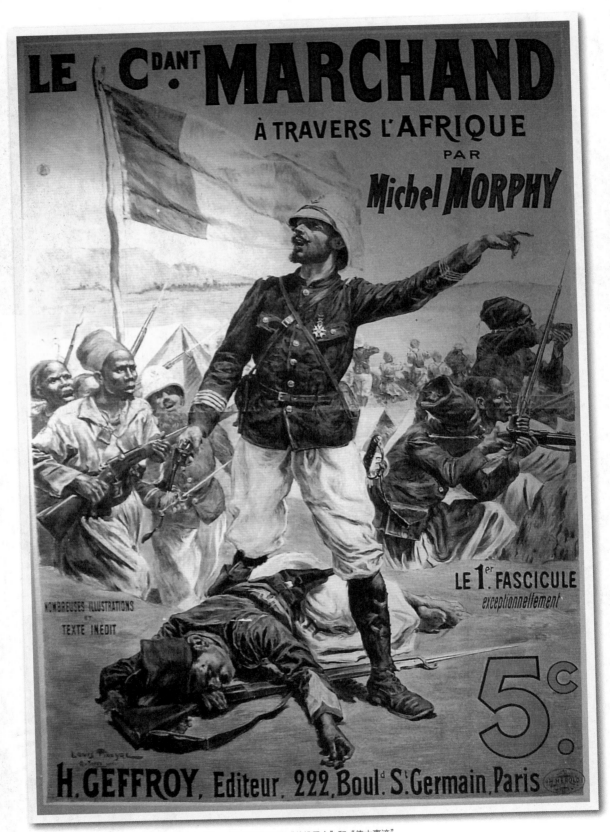

▲ 欧洲将非洲争夺战美化为一场英勇冒险，并不断宣扬那些"英雄勇士"和"伟大事迹"

非洲争夺战

◉◉◉

科技进步与医药发展为欧洲殖民国家加紧征服非洲大陆提供了便利

作者: 阿普里尔·马登

在技术开始真正让世界变为地球村之前，非洲大陆已经经历了几个世纪的殖民剥削。相对而言，此前的非洲大陆并没有受到太多全球化进程的影响，欧洲帝国的前哨大多只是集中在交通更为便利的海岸线附近。欧洲殖民者极易感染非洲内陆地区盛行的蚊媒传染病疟疾，但19世纪秘鲁发现并生产出了用于预防和治疗疟疾的奎宁，这让著名的戴维·利文斯敦医生（Dr David Livingstone）等探险家更加大胆。很快，冒险家、探矿者和传教士都开始向非洲内地进军，他们通常有富裕的公司或欧洲政府背书。这时期对土地和资产的疯狂掠夺被称为"非洲争夺战"。

欧洲国家和公司的主要兴趣在于开发非洲丰富的自然资源。橡胶和锡是英国维多利亚时期工业的必需品，而钻石和象牙则是令人垂涎的奢侈品。茶叶是英国的社会燃料，在肯尼亚、马拉维、坦桑尼亚和津巴布韦的气候条件下生长迅速且良好。集约化耕种产出的棕榈油被用于各种商品，包括食品、洗涤剂甚至化妆品。欧洲资本家不仅乐于从非洲攫取资源，也喜欢将商品卖回非洲，既卖给当地的殖民者，也卖给被剥削的人民。这些商品通常是食物。由于生产、保存和运输方面的技术进步，欧洲对非洲实现贸易顺差。

非洲争夺战的背后还有一个更加黑暗的主题。早在战争开始之前，德意志帝国与欧洲其他国家之间就已经暗流涌动。从控制通往印度的次选贸易路线以促进经济，到通过殖民收益来充实战备力量，欧洲各国一直在探寻非洲领土能带来的战术优势。1870年"非洲争夺战"开始时，欧洲已经控制了非洲大陆约10%的土地。而到第一次世界大战结束时，非洲仅剩利比里亚和埃塞俄比亚保持独立。

▲ 铁路技术的进步意味着更容易进入非洲内陆，例如前往罗德西亚（今已更名为津巴布韦）的乌姆塔利的火车更快、载客量更大，这就摆脱了马匹运输容易受到气候和地形影响的问题

▲ 殖民国家的一个惯用伎俩是将殖民地称为"保护国"。此图为阿散蒂帝国被迫宣布效忠英国的场景

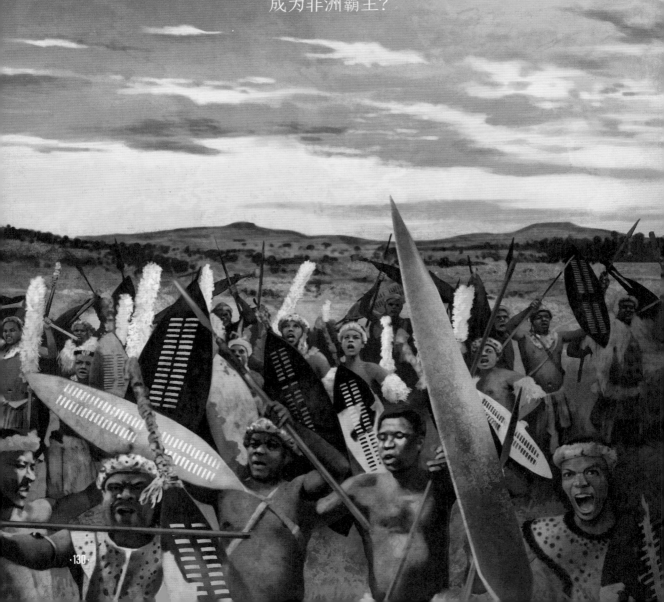

祖鲁国王沙卡的崛起

◎◎◎

一个流亡者如何利用战争和政治诡计

成为非洲霸主？

▲ 1868年的祖鲁战士

沙卡·卡·辛赞格科纳（Shaka kaSenzang-akhona）是谁？专制君主？非法篡位者？现代化的推动者？老练的外交家？嗜血的暴君？任何探索祖鲁开国国王生平的人都会发现这尚无定论。沙卡真正的生平资料被那些希望利用他故事的人篡改。西方殖民者和商人的笔记是资料来源之一，但他们往往带有突出非洲国王野蛮行径的私心，或希望通过对暴行的描述来提高图书销量。关于沙卡生平资料的另一个来源是民间口述历史，但这些通常是在事件发生多年后记录下来的，有时很明显会被沙卡的继任者所左右，他们以抬高或贬低沙卡的方式来达成自己的目的。

那么，关于沙卡的生平，有比较确切的记载吗？值得庆幸的是，有。所有这些资料中的细节足以让我们勾勒出一个国王的形象。尽管这个形象充满疑点，令人无法完全信服，但有趣的是，我们肯定可以对围绕着沙卡的一些神话进行筛选和阐述，并解释相应的原因。沙卡已经成为一个偶像，至今仍是祖鲁人身份认同的支柱。他的传说具有价值，值得人们研究。希望读完本章后，你不仅能更好地了解沙卡的真实身份，还能明白为什么200年来人们对其形象一直有不同的刻画。

沙卡时代之前

沙卡出生在一个由大大小小的部族统治的地区，这些部族组成一个更大的部落系统。当他的父亲辛赞格科纳（Senzangakhona）担任祖鲁首领时，祖鲁还只是白姆弗洛齐河流域的一个低级部落，他们向东南方的姆泰斯瓦（Mthethwa）纳贡。姆泰斯瓦是三个重要酋长部落之一，其他小部落都向他们纳贡。其他两个重要部落是恩格瓦内（Ngwane，后来的斯威士兰人）和恩德万德维（Ndwandwe）。这三个部落都主要讲恩古尼语。18世纪末到19世纪初，他们一直在争夺对非洲大陆东南部地区的控制权。该地区地形和土壤类型多样，非常适合种植各种作物和放牧牲畜。

19世纪伊始，新的酋长开始崛起，他们影响了部落未来几十年的发展。1805年前后，兹韦德（Zwide）成为恩德万德维部落的首领，在位约15年后，他与沙卡发生了严重的冲突（这点后文会详细介绍）；1806年，丁吉斯瓦约（Dingiswayo）成为姆泰斯瓦部落的首领，他与未来的祖鲁国王联系紧密。同时，辛赞格科纳也长大成人，到了可以接替父亲加玛（Jama）成为祖鲁酋长的年纪〔加玛于1781年去世，

在辛赞格科纳长大之前，由他的姐姐姆卡巴依（Mkabayi）摄政〕。

辛赞格科纳成为酋长后，进行了一系列现代化改革。例如，将男女按年龄而非按地区组织成兵团，这种兵团被称为阿马布托（amabutho）。此外，摒弃了标志男性走向成熟的割礼仪式，取而代之的是使用头环。这似乎是出于非常实际的考量，因为成年男子需要停工几个星期（包括仪式之前的学校教育）才能从割礼仪式回到正轨，而在那个越发现代化和快节奏的世界，他们需要快速部署人力。值得注意的是，其中一些最重要的改革有时被归功于沙卡，但有证据表明这些改革早前就已开始实施，他的贡献不是创新而是推广。

▲ 祖鲁婚礼是一项大型活动

▲ 整个家庭自给自足，每个人都自食其力，或耕田或打猎

部落以家庭为单位，每个家庭通常以一位拥有多位妻子的男子为首。家宅，或称乌目兹（umuzi），是由一家之主的单间小屋和两边弧形的小屋组成的，每个妻子的小屋连成一个马蹄形。中间是牲口圈。整个家庭自给自足，通常妇女耕田，男子打猎。酋长家庭也是如此，但他们从兵团中招募人员，组成专门兵团以保卫酋长家庭。不过，在不打仗的时候，兵团成员也像其他人一样耕田与打猎。

神秘的诞生

沙卡就是在这样一个乱中有序的世界中诞生的，他的父亲是祖鲁人辛赞格科纳，母亲则是

继任合法性的质疑难免如影随形，而回应这种质疑对王国内外追随他的许多人来说都很重要。

最流行的故事里，沙卡是非婚生子女。辛赞格科纳和南迪对此感到非常羞愧，于是隐瞒怀孕，并将症状归咎于肠病伊特沙提（itshati）——这可能就是沙卡名字的由来。辛赞格科纳为了洗刷耻辱，将母子一同流放，也从未承认这两人的身份。

然而这个传言并不符合史实。南迪和辛赞格科纳至少有两个孩子，沙卡还有一个亲妹妹诺姆科巴（Nomcoba）。因此，更可信的说法是，他们是未婚夫妻，但发生了性关系。这在当时是被禁止的。怀孕确实打破了禁忌，但最终他们还是结婚了。此外，南迪并不是辛赞格科纳唯一的妻子。事实上，他一生中共有15个妻子和至少18个儿子。无论如何，沙卡的身份仍然模糊，给了许多居心叵测的人可趁之机。

◀ 我们没有关于沙卡真实长相的权威描述，大多数西方人的描述总会搞错细节，就像这个超大的盾牌

兰格尼（Langeni）酋长之女南迪（Nandi）。关于他是何时及如何诞生的问题，至今仍有很多争论。最常见的说法是沙卡在1787年7月出生，但丹·怀利（Dan Wylie）关于沙卡出生于1781年的说法也同样合理。照这样估算，沙卡最终接任祖鲁首领时约为35岁。至于"如何"诞生，则是更复杂的问题。沙卡声称自己是祖鲁领袖，对其

▼ 沙卡的侄子乌提穆尼
（Utimuni）。此图作于
1849年

助力国王上位的姑姑

探讨姆卡巴依的重要性

由于没有妻子，沙卡在很大程度上仰仗他的大家庭来管理他的王国，尤其依赖妇女。除了他的母亲南迪之外，同样重要的还有辛赞格科纳的妹妹，即沙卡的姑姑姆卡巴依。

在沙卡的父亲去世后，姆卡巴依担任摄政王。当南迪和沙卡被认为流亡在外或至少远离祖鲁人生活时，姆卡巴依等姐妹一直与沙卡保持联系，她们还经常探望沙卡，也许这是他们情谊深厚的原因。

然而，姆卡巴依对沙卡的垮台也起了不小的作用。在南迪死后，她联同沙卡的兄弟丁加内（Dingane）和姆兰加纳（Mhlangana）密谋暗杀他。之后，她又与丁加内联合，密谋反对姆兰加纳，帮助丁加内夺取王位。

至于故事中的流放部分，也有很多可疑之处。沙卡在年龄符合要求后曾主动加入了父亲的主要兵团伊翁贝伊布托（iWombe ibutho），这说明在成长过程中他至少没有被一直流放。

另外记录显示，南迪曾多次携子离开，到其他部落生活。最终，沙卡在姆泰斯瓦部落生活，辛赞格科纳和其他大约30个部落都向该部落进贡。

锻造沙卡

显然，沙卡是在姆泰斯瓦部落酋长丁吉斯瓦约的指导下成长起来的，他学到的大部分知识都有助于他将祖鲁部落发展成一个王国，乃至帝国。据说，沙卡凭借自己的智慧和主动性在军队中迅速崛起，成为姆泰斯瓦军队中一名受人尊敬的将军，帮助酋长赢得了许多胜利，甚至被授予"不败之人"的荣誉称号。

丁吉斯瓦约是这一时期比较进步和开明的酋长之一，沙卡晚年所采取的一些关键创新措施都有他的影子。例如，与其他酋长相比，丁吉斯瓦约更倾向于按年龄组建兵团，而不是按地区（后

▼ 祖鲁部落是父权社会，但妇女仍然拥有很大的权力和政治影响力

▲ 法瑞威尔的到来和纳塔尔港的建立为沙卡提供了与欧洲进行贸易的机会。沙卡希望这能保护他的财产

纳（Sigujana）接管了祖鲁政权。该地区有许多关于沙卡蛊惑或毒害其父亲的传说，但细节并不清晰。西古贾纳比沙卡小一点。作为长子，沙卡有足够资格继承父亲的位置。而且，他获得了更强大部落姆泰斯瓦的支持，上位更不成问题。他似乎与同父异母的兄弟恩格瓦迪（Ngwadi）共同策划了一个阴谋。后者趁西古贾纳在河里洗澡时将其杀死，然后派人通知沙卡返回首都锡克勒贝尼（Siklebheni）。

从酋长到国王

酋长和国王有什么区别？也许语义上只有些微不同，但实际上沙卡和他父亲所扮演的角色之间有更关键的差异：沙卡最终站在了酋长金字塔的顶端，并使以前较松散的联盟成为一个更有组织的国家。沙卡登上了祖鲁王位。

沙卡组建全职常备军，并使常备军成为其政治和社会结构的核心。他们将接受正规的军事训练，并定期被派去发动袭击，恐吓不守规矩的部落，从那些部落抢走牲畜。这些战士住在兵营里，未经国王允许，严禁结婚。沙卡本人也不娶妻，但他的家宅里到处都是女人，而且有证据表明他有孩子。

沙卡统治期间，女性一直是政治结构的重要组成部分。沙卡的母亲南迪是当时的王太后，掌管王宫中所有的家务事，影响力非常大。家族中的其他女性，如他的姑姑和他父亲的许多其他妻子，都被任命为其他部落的首领，或充当政治使者，宣示沙卡的统治。

然而，就在沙卡统治的早期，他的恩人丁吉斯瓦约被夙敌恩德万德维的兹韦德俘虏并杀害。这很可能给沙卡造成了很大的打击，毕竟丁吉斯瓦约曾支持他登上祖鲁王位，还在其他方面对他产生了重要影响。沙卡拒绝向兹韦德屈服，并坚

来沙卡也推广了这种举措）。他还加强了对婚姻等事务的控制，规定他手下男子的娶妻年龄。婚姻通常被他当作重要工具，他甚至与对手联姻。丁吉斯瓦约最大的敌人是恩德万德维的兹韦德，丁吉斯瓦约就娶了兹韦德的妹妹为妻。

总体而言，丁吉斯瓦约既拥有外交手腕又有创新思维，偶尔也会残酷无情、刚愎自用。他弑兄篡位，这似乎是沙卡吸取的另一个经验。并且，就像支持沙卡夺取祖鲁酋长部落时那样，他还会考虑将合适的盟友置于酋长之位，以维护自己的权力。

1816年，辛赞格科纳病逝，继承人西古贾

▲ 沙卡时代的照片显示，传统仪式仍是王国不可或缺的一部分

▲ 牛皮盾牌已成为祖鲁族的标志性象征

持自己的立场。这是沙卡表现自己的大好机会，他可以向族人证明自己的领导能力，还能实施一些更深远的军事变革。

据说，兹韦德的进攻兵力可能是沙卡所能调集的兵力的两倍多，但祖鲁人还是多次击退了敌人，并在更安全的地方进行军队重建和训练。祖鲁人改变了主要武器。当时，长矛（assegai）非常常见，但沙卡让部下改用一种两英尺①长的单手使用的矛伊克瓦（iklwa）。祖鲁战士使用伊西兰古盾牌（isihlangu），用盾牌撞击敌人，使其失去平衡，然后猛刺敌人的中腹。这是一种凶

狠的打架方式，再加上他们采用牛角阵型包围敌人，因此沙卡以残忍血腥的军事领袖而闻名。

有趣的是，这样战斗之后，返回的士兵必须接受古老的净化仪式以祛除凶兆（umnyama）。这种净化仪式可能要持续四天，这之后，国王与他们会面，并对战斗进行总结，根据战果给予荣誉或处罚。表现不佳或懦弱的人可能会被处死。

1819年，当兹韦德的军队第三次进攻时，沙卡的部队退入了恩坎德拉山区，利用复杂的地形与人数占优势的恩德万德维的军团打成平手。之后，沙卡率领军队越过黑姆弗洛齐，出其不意

① 1英尺=30.48厘米。——编者注

丁吉斯瓦约的领导风格与沙卡十分相似，既有外交手腕，又残酷暴力。

▲ 家庭单位是祖鲁部落的核心，通常由一名拥有多位妻子的族长为首

祖鲁继任者

辛赞格科纳家族是如何延续的？

丁加内（DIGANE）

在位时间：1828—1840年

丁加内是辛赞格科纳第六任妻子的儿子、沙卡同父异母的兄弟，他密谋杀死沙卡，篡夺了王位。然而，没有了沙卡的统治，王国外围的一些小部落开始独立出去。丁加内最终被他的兄弟姆潘德（Mpande）杀死，姆潘德随后接管了王国。

姆潘德（MPANDE）

在位时间：1840—1872年

在布尔人的支持下，姆潘德于1840年杀兄篡位。他是辛赞格科纳第九任妻子的儿子。姆潘德的统治可能并非出于自愿，他很可能是被怂恿篡夺王位的。

塞茨瓦约（CETSHWAYO）

在位时间：1873—1879年

塞茨瓦约是姆潘德之子、辛赞格科纳之孙，是祖鲁王国的最后一位国王。他击败并杀死了最受父亲宠爱的胞弟姆布亚齐（Mbuyazi），确保了自己的国王之路。他的统治以盎格鲁-祖鲁战争的失败而告终，之后他被流放。

▲ 盎格鲁—祖鲁战争终结了祖鲁王国

▲ 凶猛、速度以及使用的刺矛似乎是祖鲁战士取得胜利的关键

地进入恩德万德维的领地，迫使对方撤退。战败给兹韦德带来了巨大的耻辱，一些以前向他进贡的小部落开始脱离统治，部分酋长转而投靠沙卡。当时的祖鲁还继承了姆泰斯瓦部落的大部分土地。

贸易与悲剧

随着最强大的对手失败，沙卡开始建立他的王国。但事实上不可能实现严格的中央控制，沙卡只能依靠定期袭击和恐吓来维持秩序。他显然担心自己会看起来老态龙钟，因此经常拔掉头上的白发。1824年，祖鲁人的军队被姆庞多人（Mpondo）打败，这可能是沙卡统治开始崩塌的预兆。

除了司法问题，外交关系也是由沙卡而不是当地酋长决定的。当欧洲商人登陆祖鲁领地时，他们把这个海湾命名为纳塔尔港。沙卡看到了他一直在等待的机会。他一直希望与英国人建立一条贸易路线，但因路途遥远和敌对部落的阻挠而未能如愿。1814年，英国人建立了南面的开普殖民地。1824年6月，弗朗西斯·乔治·法瑞威尔中尉（Francis George Farewell）和亨利·弗朗西斯·弗林中尉（Henry Francis Flynn）来到祖鲁王国，可能就是从这时开始，外交使王国富裕起来。

沙卡接见了他们，允许他们在海湾逗留。这里就像其他小部落一样，始终处于沙卡的统治之下，但局势动荡不安。1824年，有人企图刺杀沙卡。虽然他将此事归咎于克瓦贝人，但据说

野兽之角

分析著名的祖鲁人战斗队形

祖鲁人使用一种被称为"野兽之角"（impondo zankomo）的队形，有时也被称为"牛角队形"。这种结构看起来有点像牛头，由于牛是祖鲁文化中不可或缺的一部分，你可能会猜测它的象征意义大于实际意义，但事实上意义不止于此。

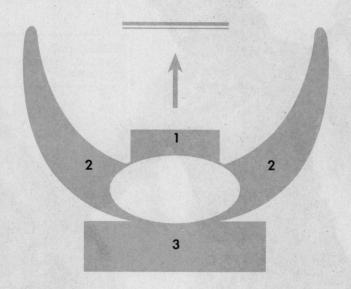

1. 核心力量
此处为野兽的"胸腔"（isifuba），可以直接向敌人发起猛烈的冲锋，令其失去平衡，人仰马翻。

2. 侧翼
此处为机动部队的"号角"（izimpondo）。兵团从两侧包抄，从中间冲出，围住敌人。

3. 支撑
此处为"腰部"（umava），是后备力量，兵团向前跃进以掩护前方的受伤者。他们甚至可能一开始背对敌人，以防止过早行动。

他真正怀疑的对象是同父异母的兄弟丁加内和姆兰加纳。沙卡派兵粉碎了克瓦贝人的反抗，并追捕嫌疑人。他甚至把首都迁到了克瓦贝人的领地，以便在克瓦贝人面前树立自己的权威。与此同时，恩德万德维在兹韦德的儿子西昆亚纳（Sikhunyana）的领导下再次壮大。1826年10月，在一些白人定居者的支持下，沙卡亲自率军进攻恩德万德维，取得了全面胜利，随后屠杀了许多平民。恩德万德维人无法东山再起，幸存者要么宣誓效忠祖鲁人，要么分散到其他部落避难。沙卡希望通过纳塔尔港进行贸易，并在他的军队中引入火器。1827年，沙卡让两年前曾遭海难的詹姆斯·桑德斯·金（James Saunders King）率领使团前往开普殖民地。此时，沙卡的母亲南迪去世了。

从那时起，沙卡的统治开始加速衰落。根据商人兼探险家纳撒尼尔·艾萨克斯（Nathaniel Isaacs）的说法，在南迪死后，沙卡开始意识到事情开始脱离掌控，于是加紧与英国人合作。

祖鲁勇士
是什么让他们与众不同？

头饰
祖鲁兵团头戴独特的头饰，以便指挥官在远处也能认清自己的队伍，从而更好地指挥战斗。

伊克瓦
这种单手矛配有尖刃，用于从大盾牌后面刺杀敌人。此外，还有一种更长的长矛。

伊西兰古盾牌
由牛皮制成，用长矛击打时会发出巨大的威慑声。

现代火器
沙卡并不排斥使用火器，但在他统治时期，火器主要被用来震慑敌人和制造混乱。

牛皮
将用来制作盾牌的牛皮放在太阳下晒干后，再埋在粪便下用石头敲击，这样牛皮会变得十分耐用。

耐力
在没有补给火车或重型装甲的情况下，祖鲁部队可以在一天内行走 30 多千米。通常认为，沙卡让他们赤脚而非穿凉鞋，因为这样能提高他们的奔跑速度。

▲ 如今，祖鲁族的习俗是南非文化的重要组成部分，其中许多都是在沙卡统治期间建立的

1828年初，詹姆斯·金率领的出使任务失败了。他试图说服英国人绕过沙卡去控制纳塔尔港，这完全弄错了出使的目的。这时，沙卡对北部的姆蓬多人发动进攻，但这很可能对日益加剧的紧张局势没有任何缓解作用。南迪丧礼最后阶段虽然需要一场战争来祛除凶兆，但姆蓬多人可能不是合适的目标。9月，使团第二次出使，这次由詹姆斯·金和一个名叫约翰·凯恩（John Cane）的人率领。遗憾的是，虽然凯恩达成了条约，但沙卡已被暗杀了。

最后的日子

沙卡下令发动另一场战役，这次是向北进攻加沙王国。但他的军队在到达敌人面前之前就被疟疾和痢疾消灭了。沙卡被迫撤军，原本可以重振人心的胜利变成了耻辱，而这也让沙卡的敌人看到了机会。正如沙卡所猜测的那样，他的兄弟丁加内和姆兰加纳正在谋反。沙卡的姑姑姆卡巴依曾经帮助沙卡上位，但现在也支持这场政变。他们还得到了沙卡的顾问姆博法（Mbopha）的支持。

1828年9月23日或24日，沙卡在他的私人住所里被他的兄弟们杀害。姆博法分散了国王身边众多女性和随从的注意力，然后兄弟二人刺死了国王，但具体刺杀过程并不清楚。据说沙卡的遗言是："我父亲的孩子们都怎么回事？"最终丁加内又背弃了姆兰加纳，成为国王。

所以，我们好像又回到了谁才是真正的沙卡·卡·桑赞卡霍纳这个问题上。时至今日，祖鲁族仍被称为"从沙卡的长矛中诞生"，这一描述似乎是准确的。这位"战争之王"残忍、暴力，但又战功赫赫，推动社会改革。他同时又被诸多的神话所包围。这些使得他更加吸引人，他所留下的祖鲁王国也更加与众不同。

▲ 1986年的电视连续剧《沙卡祖鲁：最后的伟大战争》（Shaka Zulu），由亨利·塞勒（Henry Cele）主演。电视剧里的沙卡形象也许并非完全复刻历史，但也是最具代表性的形象之一

现代

曼德拉已经 27 年没有照过相了，这种未知为他增添了传奇色彩。

海尔·塞拉西

在海尔·塞拉西皇帝的领导下，埃塞俄比亚逐渐在国际上崭露头角

埃塞俄比亚末代皇帝的传奇人生笼罩着神秘的色彩。在得名海尔·塞拉西（Haile Selassie）之前，他被称为塔法里·马康南（Tafari Makonnen）。1892年7月23日，他出生于埃杰尔萨戈罗郊区的一间小屋。马康南是谢瓦地区前统治者萨赫勒·塞拉西（Sahle Selassie）的曾孙。他的父亲马康南公爵（Ras Makonnen）是皇帝梅内利克二世（Menelik II）的高级顾问。

起初，埃塞俄比亚皇位的下一任继承人并非塔法里·马康南，而是梅内利克二世的孙子利吉·伊亚苏（Lij Iyasu）。1913年，梅内利克去世，皇室和国家陷入混乱。然而，利吉·伊亚苏与埃塞俄比亚的文化和宗教信仰格格不入，不是很受欢迎。首先，在这个基督徒占多数的国

▲ 1965年，提西萨特瀑布，英国女王伊丽莎白二世访问埃塞俄比亚时与塞拉西合影

▲ 海尔·塞拉西皇帝

全球塔法里教运动

塔法里教信仰由商人兼泛非洲学者活动家马库斯·加维（Marcus Garvey）率先创立。加维曾预言："放眼非洲，黑人皇帝即将加冕，救世主即将到来。"此话所指黑人皇帝就是海尔·塞拉西。显然，这场宗教运动在加勒比海广为传播，深刻影响了流行文化，其核心思想是黑人皇帝是转世的弥赛亚，是上帝在地球的神使。

埃塞俄比亚的所有皇帝都被认为是以色列国王所罗门和阿比西尼亚女王示巴的后裔。示巴在一次访问以色列时，与所罗门相爱了。示巴带着一个孩子回到阿比西尼亚（今埃塞俄比亚），而这个孩子便承载着王室的神圣血脉。

对许多塔法里教徒而言，埃塞俄比亚是宗教天堂。人们希望回到那里，逃离加勒比海"地狱"。"万主之主""万王之王"等称谓都是海尔·塞拉西的代名词，但值得注意的是，塞拉西皇帝从未公开承认过这一信仰。

▲ 1966年，牙买加金斯敦，一大群塔法里教徒正在等待海尔·塞拉西的到来

家里，利吉·伊亚苏却是一名穆斯林。并且，人们认为他是不可靠、不称职的领导人。在大约三年的时间里，许多人一直在努力废黜他。1917年，梅内利克的女儿佐迪图（Zauditu）成为女皇，但她没有实权。塔法里·马康南被指定为继承人。

1930年4月2日，佐迪图去世，7个月后，马康南加冕称帝，改名海尔·塞拉西（意为"三位一体的权威"）。在政治方面，他比佐迪图进步得多。塞拉西在埃塞俄比亚开创了一个全新的时代，一直试图在国际上获得认可。他不懈地争取加入国际联盟的机会，尽管他并没有在埃塞俄比亚结束奴隶制——这是入盟要求之一。

上位之后，这位新皇帝于1931年7月16日制定了埃塞俄比亚第一部现代宪法，扩大了公民权利。为了颁行此宪法，塞拉西不得不挑战埃塞俄比亚社会的一些文化和政治准则。事实上，此举削弱了贵族的固有权力，因而在整个统治期间，他都不断受到贵族和高官的反对。

塞拉西致力推动国家现代化，促进了工厂、汽车及更多领域的技术进步，因为他相信，如果不主动应用欧洲现代科技，埃塞俄比亚就得被动地屈服于欧洲帝国主义和殖民主义。"我们看似急需欧洲的先进科技，但这其实只是因为我们被欧洲列强所包围。"他说，"这既是福利，也是厄运。"

事实证明，这句话是正确的。20世纪30年代是政治进步和黑暗并存的年代，贝尼托·墨索里尼（Benito Mussolini）领导的法西斯意大利军队开始入侵埃塞俄比亚。墨索里尼趁机为意大利在1895年至1896年战争中的失败复仇，并希望通过征服埃塞俄比亚来架起意大利与其索马里兰属地之间的桥梁。入侵行动始于1934年12月，在随后的战争中，埃塞俄比亚的军队不敌意大利的空军和先进武器。1936年，墨索里尼宣布建立"意大利帝国"，并退出了国际联盟。

历经两年的战斗，塞拉西被迫流亡国外，除了求助于日内瓦国际联盟，他别无选择。他成功建立了新的国际联盟，并与英国联合击退入侵者。在解放埃塞俄比亚时，他们一同激发了起义者的反抗。到1941年5月，意大利人被打败。塞拉西在谈及这次反抗入侵时说："回顾当时，正是那些本可以采取行动的人的不作为、那些本应更了解情况的人的旁观、正义之声在最关键时刻的沉默，才使得邪恶占了上风。"

然而，在塞拉西的统治接近尾声时，他的声望开始下降。他在1955年制定了新宪法，贵族们因此逐渐失去权力。尽管1942年奴隶制被正式废除，但许多人民的生活质量仍然很差。到20世纪60年代至70年代，失业率上升，行政管理崩塌，新政权德格（Derg）趁机崛起。塞拉西于1974年9月12日被废黜并监禁，次年他便死于呼吸衰竭。

GEBIED VIR BLANK
ALLEENLIK

GEEN KAMPERING
OP LAS BETTYSBAAI MUNISIPALIT

AREA FOR WHITE
ONLY

NO CAMPING
BY ORDER BETTYS BAY MUNICIPA

▼ 从商店、学校到室外空间，南非到处都
有这种种族隔离标志

种族隔离

🔲🔲🔲🔲🔲

由于种族隔离政策，南非在20世纪90年代之前一直是世界舞台的弃儿

作者: 阿普里尔·马登

　　20世纪80年代的南非受人唾弃。各国纷纷将其列入贸易禁运的对象，从枪支到知名品牌，任何商品都不会出售给这个国家。这一切的根源在于南非强制的种族隔离政策。

　　南非的种族隔离政策于1948年颁布，当时正值"二战"结束之际，其他实行类似政策的国家正开始重新审视自己的制度。美国在20世纪50年代就开始废除种族隔离，尽管到1964年才完全结束种族隔离政策，但它是南非最强烈的批评者之一。在种族隔离制度下，南非白人享有比其他人种更多的权利。白人处于社会顶层。其次是对南非工业化至关重要的印度移民及其后裔。再次是那些"有色人种"。而最底层的是黑人，他们被剥夺人权，一无所有。

　　种族隔离分为两种：小范围的地域隔离，即对商店、沙滩和社交场合等公共场所进行严格管理；大范围的制度隔离，即根据种族来限制工作与住所。事实上，这意味着白人可以享受最好的学校、工作、商品、医疗保健、社区和休闲空间，而黑人则缺乏经济来源，无法获得良好的教育，还因受教育程度低而无缘除低级服务之外的任何其他就业机会，而且几乎没有医疗保健或娱乐。人们被禁止与自己种族以外的群体混居、交友、建立恋爱关系或发生性关系。

　　到了1987年，在国际社会的持续压力下，南非政府终于开始与以黑人为主的非洲人国民大会（以下简称"非国大"）进行对话，讨论废除种族隔离制度。1990年，非国大最著名的活动家之一纳尔逊·曼德拉获释出狱。1991年南非最终废除了种族隔离法。如今，南非拥有一个由民主选举产生的政府，自20世纪90年代以来一直由非国大主导。南非最后一任白人总统是德克勒克，在他的领导下，南非废除了种族隔离制度。1994年纳尔逊·曼德拉在大选中以压倒性优势获胜，之后，德克勒克降为副总统。

非洲年

对于非洲大陆而言，1960年是一个具有重大历史意义的年份。
这一年，独立运动迅猛发展，大力推动自由解放与民族平等

作者：**阿普里尔·马登**

变革之风吹遍非洲大陆。

1960年2月，英国首相哈罗德·麦克米伦（Harold Macmillan）在南非开普敦议会发表了著名的"变革之风"演讲。这是他第二次表达这一观点，但与一个多月前他在西非加纳阿克拉的初次演讲相比，这次是在实行种族隔离制度的南非，因此具有更大的国际影响力。

泛非运动从一个国家传到另一个国家，最终席卷了整个非洲大陆。它呼吁海内外非洲人民团结起来，奋起反抗长期束缚非洲土著的殖民枷锁。1960年，这一梦想成为现实。几内亚政治家卡比·索里（Caby Sory）回应麦克米伦著名的演讲："面对非洲人民决心结束殖民主义的强烈共识，枪炮和刺刀再也不能占上风了。"这席话得到了整个非洲大陆的响应。到1960年底，17个非洲国家摆脱法国、英国和比利时等国家的殖民统治，获得独立。

加纳总统克瓦米·恩克鲁玛（Kwame Nkrumah）在联合国发表讲话："非洲不寻求复仇。怀有恶意有违非洲的本性。我们两百多万人民齐声嘶喊，我们的诉求是什么？我们不要求压迫者死亡，我们不希望奴隶主遭受厄运；我们只是提出了公正和积极的诉求；我们的声音响彻海洋和高山，响彻丘陵和山谷，响彻沙漠，响彻人类居住的广袤大地。我们呼唤非洲的自由。非洲渴望自由。非洲必须自由。"

1960年，非洲乃至全球的被压迫民族点燃了摆脱殖民主义和争取平等独立的灯塔。如今，仍有许多国家在进行后殖民斗争，这一征程仍将继续。

▲ 1960年1月，阿尔及利亚独立战争期间阿尔及尔街头的路障，当时这个北非国家正在争取摆脱法国的殖民统治

曼德拉改革

在成为政治犯和受人爱戴的诺贝尔奖获得者之前，年轻的纳尔逊·曼德拉放弃了非暴力斗争的理想，开始了游击革命

1948年5月26日，大约100万南非白人拥向投票站参加议会选举。他们要在执政的联盟党和南非国民党之间做出抉择，而前者曾令南非苦陷"二战"。虽然没有黑人，且仅有少数混血南非人参加投票，但这次投票显然被视为公民投票。国民党领导人马兰（D F Malan）的竞选纲领是主张种族隔离和白人统治。总理扬·史末资（Jan Smuts）在"黑人问题"方面提出了一系列有关种族融合的初步想法。荷兰定居者曾与英国人进行过两次血腥的土地战争，他们的后代，即南非白人，厌倦了支持英国王室，并视联盟党为英国走狗。种族隔离（apartheid）一词源自南非荷兰语，这是南非白人民族主义及其对白人统治狂热信仰的核心。

种族隔离获胜了。保守主义的国民党与极端民族主义的南非白人党联合，在议会中获得了八个席位，马兰也因此升任总理。南非白人将这场胜利视为从英国人和黑人手中夺得独立。马兰宣布："自英联邦成立以来，南非第一次属于我们自己。"到1948年，针对黑人的压迫和奴役已经是一个世纪前的事了，但种族隔离制度的兴起无疑使得种族问题更加紧张，这也为政府与像纳尔逊·曼德拉那样坚信国家应当为全体国民所有的人之间的冲突埋下了伏笔。

曼德拉第一次听到选举结果时哑口无言。这位29岁的活动家兼法律系学生曾相信，南非正处于史诗性变革的风口浪尖。在美国，人们正在组织反对种族隔离法律的运动。在印度，甘地及其追随者利用非暴力不合作手段成功推翻了英国几个世纪的统治。即使在南非国民党掌权的情况下，曼德拉也不曾以恶意揣度民族主义政权，但这同时导致他低估了白人权力机构对压制黑人自由的狂热决心。

曼德拉在偏远的特兰斯凯地区一个很小的科萨族村庄长大，1941年才来到约翰内斯堡这座黑人城镇，当时的他只是一名为了逃避包办婚姻而辍学的大学生。做了一段时间矿场守夜人后，乡下男孩曼德拉有幸结识了沃尔特·西苏鲁（Walter Sisulu），这位年轻的房地产代理商后来成为曼德拉最亲密的导师和支持者之一，也是他的狱友。西苏鲁为曼德拉在约翰内斯堡一家律师事务所找到了一份文员的工作，这里是当时罕见的同时为黑人和白人服务的事务所。西苏鲁甚至给曼德拉介绍自己年轻的表妹伊夫琳（Evelyn），两人于1944年结婚。在西苏鲁位于奥兰多黑人郊区的家中，曼德拉初次与坦率的祖鲁族活动家安东·莱姆比德（Anton Lembede）相遇，当时莱姆比德正在攻读法律学位，梦想着拥有自己的事务所。曼德拉将这位年轻的理想主义者招入了一个将深刻影响其余生的组织：非洲人国民大会。

非洲人国民大会成立于1912年，目的是团

▲ 1958年，比勒陀利亚叛国罪审判的中场休息时间，纳尔逊·曼德拉正在享用茶点

结南非各部落，共同争取黑人权利。在种族隔离制度出现之前的几十年里，这个资金不足的小型组织就一直在与种族歧视法律抗争。比如1923年的《城市地区法案》，该法案要求所有黑人都必须携带自证身份的通行证，如果在进入白人区时未能出示证件，就会被驱逐出城。早在非国大成立之初，内部就讨论过争取变革的最有效方式。1919年，约翰内斯堡北部7万名矿工举行罢工，非国大当即表示支持，但罢工最终被警察和武装白人镇压。事后，非国大领导层又尝试外交手段，但努力同样白费。

在20世纪20年代和30年代的大部分时间里，非洲国民大会一直是一个死气沉沉、效率低下的"老男人俱乐部"。安东·莱姆比德计划改变这一切。他招募曼德拉和西苏鲁来帮助他创建非国大新的青年分支，这是一个全新的民权组织，致力于非洲民族主义的理想。该组织呼吁通过大规模示威和协调非暴力不合作行动将寻求种族平等的斗争推向街头。非国大主席阿尔弗雷德·修马（Alfred Xuma）赞赏年轻斗士的热情，

曼德拉英俊潇洒，毫不掩饰自己的虚荣心，他坚持从白人专属裁缝那里定做最好的西装。

种族隔离下的法律

教育种族隔离

种族隔离制度下的教育极不平等。根据 1953 年的《班图教育法》，所有学校都被划分为"白人学校"或"黑人学校"，并由政府直接控制。南非国民党领导人认为不值得在黑人永远用不着的教育上投入资金，政府对黑人学校的投资只有对白人的十分之一，这直接导致数百所黑人学校缺乏水电供应。1974 年出台的法律强制黑人学生学习南非荷兰语和英语，最终导致了 1976 年反抗白人语言的索韦托起义。起义被镇压，数百人死亡，其中多为高中生。

医疗种族隔离

从英荷两国殖民初期开始，南非就有两个医疗系统共存，分别为白人和黑人服务。1948 年，种族隔离已经是全国所有公立医疗机构心照不宣的政策，国民党甚至无须将其写入法律。直到 1990 年，医疗机构才最终实现一体化。在 500 万南非白人中，只有 10% 使用公立医院，而在 2700 万黑人中，90% 的人都在使用公立医院。结果，白人医院床位大量过剩，而黑人医院则人满为患。

两性种族隔离

南非议会于 1927 年通过了《不道德法》，禁止白人与黑人发生性关系，违者，男性将被判处五年监禁，女性则被判处四年。1949 年，种族通婚被彻底禁止。1950 年和 1957 年的修正案将禁止范围扩大到所有有色人种，并将任何判有"不道德或下流行为"的人的监禁时间延长至七年。

▲ 为了反抗种族隔离制度，这名黑人青年乘坐了专供白人乘坐的公共汽车

但他此时正在小心地权衡政治局势，不想吓退白人支持者。

尽管遭到非国大守旧派的阻挠，非国大青年联盟（ANC Youth League）还是于 1944 年 4 月正式成立了，莱姆比德担任主席，曼德拉、西苏鲁和奥利弗·坦博（Oliver Tambo，曼德拉从学生时代就认识的一位出色的年轻教师）担任执行委员会成员。曼德拉当时还不是领导者，他只是一个身材高大、头脑灵活的活动家，深受莱姆贝德性格的感染力、深厚的情谊及其事业的正义性吸引。青年联盟在非国大内部的地位和影响力与日俱增。不过，曼德拉和他的伙伴们并不是争取被压迫南非人思想解放与心灵自由的唯一组织。与此同时，共产主义者和印度人团体也在推进他们自己的罢工和群众运动，并试图招募最聪明的黑人青年活动家加入他们的事业。

1948 年，马兰及其南非国民党联盟以严格的种族隔离为纲领，一举夺取了政权。在青年联盟和非国大领导人为是否与反对党联合而争论不休之际，国民党政权已经开始尝试将种族隔离制度合法化。马兰在全国范围内实行种族划分制度，每个公民都被划分为白人、黑人、有色人种及印度人，并被要求在种族"纯净"的特定地区里生活和工作。

随着种族隔离法更严格实行，曼德拉及青年联盟成员采取紧急行动，共同制定了雄心勃勃的《行动纲领》。纲领还受到 1946 年印度非暴力抵抗运动和共产党组织矿山罢工的启发。纲领呼吁结束消极谈判，转为积极抵抗，采用非暴力反抗、公民不合作、抵制和罢工等策略进行斗争。曼德拉及青年联盟坚决主张将非暴力抵抗作为唯一可行的反抗方式。他们知道，武装叛乱只会招致更残酷的镇压和更严格的限制。曼德拉相信，抵抗活动可以施加政治和道德压力，在不诉诸暴力的情况下推翻暴政。

1949年的非国大年会标志着该组织从守旧自由主义向激进革命主义的巨大转变。青年联盟发动了一场政变，通过不信任投票罢免了沉稳的前主席修马。曼德拉的好友西苏鲁当选为新的秘书长，坦博和其他青年联盟成员也被任命为执行委员。

曼德拉很快就会和他们一起冲在非国大的前线。如今人们通常认为这位耐心的和平缔造者是战略大师，毕竟他从最强大的敌人那里争得了难以想象的让步，还对他们表现出惊人的宽容。然而事实上，在20世纪40年代末和50年代初那场黑人解放斗争中，曼德拉只不过是其中的一个小角色。

但这并不意味着他不显眼。曼德拉身高183厘米，在约翰内斯堡奥兰多西区繁荣的文化区参加活动，站在其他黑人知识分子、爵士音乐家、艺术家和活动家之中，特别突出。曼

▲ 曼德拉是坚定的反种族隔离主义者，曾多次发表演讲，详述种族隔离制度的种种不公

班图斯坦

南非国民党政府将黑人和有色人种视为一个政治"问题"。种族隔离制度为白人和非白人制定了方方面面的不同规则，本质是为了将所有非白人逐出南非。1951年，南非议会通过了《班图当局法案》，建立了八个名为班图斯坦的新"家园"，黑人可以在那里"自由地"生活。在接下来的30年里，350万人被迫离开家园，去往由指定部落首领管理的贫困农村社区生活。一旦成为班图斯坦公民，他们就等同于放弃了在南非其他地方生活和工作的权利。

博茨瓦纳　莫桑比克　汤霍扬杜　希亚　莱博瓦科莫　夸姆兰古　姆马巴托　比勒陀利亚　约翰内斯堡　斯威士兰　布塔蒂迦巴　乌伦迪　莱索托　南非　乌姆塔塔　比绍　东伦敦　开普敦　伊丽莎白港　印度洋

博普塔茨瓦纳　西斯凯　特兰斯凯　文达　夸夸　加赞库卢　夸祖鲁　夸恩德贝勒　莱博瓦　夸恩德瓦纳　前班图斯坦领土　今南非政治领土

德拉英俊潇洒，且毫不掩饰自己的虚荣心，他坚持从白人高级裁缝那里定制最好的西装。为增强力量和体格，他还每天跑步并进行拳击训练，这使他更加威风凛凛。据他早年的朋友和同事描述，他自信迷人，但又有些疏离。他不与其他活动家一同在喧闹的地下酒吧喝酒，说话风格拘谨正式，这可能与他在特兰斯凯的成长背景有关。此外，曼德拉有一种其与生俱来的无畏，正是这种无畏，驱使他坚定地反对种族隔离制度。

1951年，曼德拉当选为青年联盟主席，这是他第一次真正握有实权。在大会上，曼德拉的朋友、当时还是秘书长的西苏鲁提议开展非暴力的蔑视不公正法令运动，反对日益泛滥的种族歧视法律。具体而言，非国大将提出废除那些视南非黑人为囚犯的法律，而政府必定不会赞同；一旦遭到拒绝，他们就一起走上街头，进行大规模的非暴力消极抵抗。至此，曼德拉和非国大的多数成员都放弃了激进民族主义，他们选择建立反对种族隔离的统一战线。当曼德拉谈及南非的未来时，他所指的自由属于所有"非欧洲人"，而不仅限于黑人。

曼德拉对这个运动寄予厚望，主动提出担任总指挥。任职期间，他连续数月走遍南非黑人区，挨家挨户敲门，号召群众参与这场强有力的非暴力反抗行动。计划很简单：组织群众以和平方式违反宵禁等处罚相对轻微的种族隔离法条，并因此被捕，从而使监狱过载。反抗行动持续了6个月，其间有8000多位公民因不服从命令入狱。被捕成为一种荣誉。非国大的成员人数激增，曼德拉也因组织了这次严谨、有效的运动而声名鹊起。

然而，真正的胜利似乎还很遥远。南非国民党开始大规模逮捕反对者，其中包括曼德拉。被捕者被判处9个月劳役，缓期执行，但他们从未真正服刑。然而，政府对曼德拉和其他51名非

国大领导人实施了严格的禁令。未经警方许可，他们不得参加群体会议，甚至不得离开约翰内斯堡。与此同时，议会通过了禁止蓄意违法的新法律，违反者将面临数年监禁甚至鞭刑。

这些禁令确实起效了，在接下来的两年里，曼德拉不再如之前般积极参与非国大的活动。在为青年联盟奉献无数时间的同时，他还设法获得了法律学位。1952年8月，曼德拉与奥利弗·坦博在约翰内斯堡市中心合租了一个小房间，开办了"曼德拉和坦博"律师事务所，这是南非第一家也是当时唯一一家黑人合伙律师事务所。从街头到法庭，这对搭档不懈地与种族隔离的残酷与荒谬作斗争。

通往他们办公室的楼梯上日夜挤满了贫穷的非洲人，他们迫切希望有人能为他们辩护，为他们反抗不公正的法律。正如曼德拉在自传《漫漫自由路》中所说："……走进白人专用的门是犯罪，乘坐白人专用的公共汽车是犯罪，使用白人专用的饮水机也是犯罪，行走在白人专用的海滩上是犯罪，11点后还在街上也是犯罪；没有通行证是犯罪，在通行证上签错名也是犯罪；失业是犯罪，在错误的地方就业也是犯罪；住错地方是犯罪，没有地方住也是犯罪。"

事实证明，曼德拉是一位干练且富有魅力的法庭律师，而相对内敛的坦博则负责法律研究，他们都做出了开创性的法律成果。曼德拉身着合体的西装，身材魁梧，英俊迷人，在黑人中赢得了大批支持者，同时也在白人中树敌无数。他经常被政府的便衣安保人员跟踪，并被禁止离开约翰内斯堡。这个国家的警察非常擅长扼杀有组织的反对派，他们隔绝了曼德拉与其他被禁的非国大领导人。曼德拉担心非国大会遭到全面禁止，于是决定让非国大转入地下。1953年，曼德拉制定了所谓的"M计划"（以他的名字开头字母命名），呼吁在南非各地组织秘密小组，构建地

奥利弗·坦博
（Oliver Tambo）

奥利弗·坦博是非洲人国民大会的终身领袖，也是曼德拉在反种族隔离斗争中最忠诚的伙伴之一。坦博与曼德拉共同建立了非国大青年联盟，并制定了 1949 年的《行动纲领》，令非国大从一个单纯的政治团体蜕变为一股激进的解放力量。坦博和曼德拉成立了一家律师事务所，为穷人辩护，因发起抗议活动和违反种族隔离法律而无数次被捕。1960 年沙佩维尔大屠杀后，坦博携非国大流亡海外，与其他非洲国家建立了重要的伙伴关系。坦博前往伦敦动员反对种族隔离，并一直住在那里，1991 年才返回南非，出席 30 年来首次在南非举行的非洲人国民大会，并当选为全国主席。1993 年，他死于中风。

乔·斯洛沃（Joe Slovo）

斯洛沃是曼德拉的亲密盟友，也是"民族之矛"的指挥官。斯洛沃第一次见到曼德拉是在金山大学，在反对种族隔离压迫统治的斗争中，两人最终成为坚定的盟友。政府多次逮捕他们，禁止其公开露面，于是他们转入地下以策划破坏政府的行动。曼德拉入狱后，斯洛沃流亡到英国等地，1990 年才回到南非，参与关于废止种族隔离制度的谈判。

丹尼尔·弗朗索瓦·马兰
（Daniel Francois Malan）

马兰是国民党在南非政坛崛起的领军人物，也是种族隔离制度的奠基人。作为一名南非白人，马兰努力为自己和同胞争取权利，他既反对荷兰和英国殖民者，也反对黑人"土著"。马兰是国民党报纸《公民报》的首任编辑，并在 20 世纪 20 年代该党掌权时担任政府要职。1948 年，马兰叛逃，自己组建了"纯化"民族主义政党，以制度化的种族隔离为竞选纲领，赢得了议会 150 个席位中的 86 席。在担任总理的 6 年半里，马兰通过了多项种族隔离法律，1954 年，当他最终于 80 岁高龄退休时，种族隔离已经根深蒂固，他的继任者则继续效法他。

亨德里克·维沃尔德
（Hendrik Verwoerd）

维沃尔德被称为种族隔离制度的缔造者，他曾在马兰政府担任土著事务部长，并最终成为南非第七任总理。作为土著事务部长，维沃尔德在制定《人口登记法》《群体地区法》《通行证法》等最阴险的种族隔离法律方面发挥了重要作用。作为总理，他策划了黑人"家园"强制搬迁方案。1960 年，维沃尔德脸上中了两枪，死里逃生，但 6 年后他就被刺杀了。

下网络。

在1953年的大选中，马兰的国民党巩固了其在议会中的地位。非国大呼吁所有种族隔离的反对者，抛开种族、信仰或政治意识形态的差异，召开一次大规模的人民大会。这次大会的任务是制定一部《自由宪章》，一部呼吁南非种族平等和自由的"宪法"。大会于1955年召开，曼德拉秘密出席。

当《自由宪章》被用三种语言宣读时，赞成的呼声"非洲！"在3000名与会代表中回响。然而，在会议的第二天，南非白人政权的武装侦探突然闯入会场，夺下麦克风向所有与会者宣布"这是调查叛国罪的一环"。非国大的大多数人都认为这只是恐吓。然而，1956年12月的一个清晨，曼德拉被捶门声惊醒，三名白人警察手持逮捕令，以叛国罪将他逮捕。这并非孤立事件。在叛国罪审判开始之前，被捕人员超过155名，包括非国大领导人和各种族的参会者，他们被关押了整整两周。

政府利用三年时间，调查并收集了12000多份文件，包括公开演讲的片段和《自由宪章》的原文，试图将被告描绘成旨在通过暴力起义推翻政权的阴谋家。审判充斥着不合理的证词和不可靠的证据，最终未能给曼德拉和他的同案被告定罪。但刑事诉讼却持续了五年，在这期间，非国大不得不将大部分精力用于为辩护筹资。

叛国罪审判早期，曼德拉从法庭回家，发现他的个人生活也陷入了混乱——妻子伊夫琳已经带着两个孩子离开。离婚后不久，曼德拉爱上了22岁的社会工作者温妮·诺姆扎莫·马迪基泽拉（Winnie Nomzamo Madikizela）。温妮比曼德拉小16岁，格外聪明，是贝拉格瓦纳思医院聘用的第一位黑人社工，但她对时尚着迷，而非政治。她迷恋的是英俊律师曼德拉，而不是政治斗士曼德拉。温妮也是在特兰斯凯长大的，她对曼德拉的言行举止充满敬畏。尽管遭温妮家人反对，两人还是在1958年结婚了。与伊夫琳不同的是，温妮最终也参与政治，赢得了自己的名声，尽管她同时也带来了争议。

1958年，马兰政府的土著事务部长、傲慢的种族隔离制度制定者亨德里克·维沃尔德（Hendrik Verwoerd）接任总理。次年，议会通过了《班图自治法》，该法旨在将黑人完全逐出南非白人社会。同时，曼德拉和其他非国大领导人的叛国罪审判也正在进行，而且非国大内部的意识形态分歧在黑人建国派与种族平等派之间爆发了。最终，1959年，非洲主义者领袖罗伯特·索布奎（Robert Sobukwe）从非国大独立出来，成立了泛非洲主义者大会（Pan Africanist Congress，以下简称泛非大）。两个团体之间互相竞争，最终引发1960年约翰内斯堡郊区的沙佩维尔事件。为抢占先机，泛非大仓促组织了一场抗议游行，游行以警察屠杀手无寸铁的黑人抗议者而告终。

沙佩维尔大屠杀激化了南非国民党政权与黑人反对者之间本就剑拔弩张的局势。维沃尔德预料到民众会因屠杀事件怒不可遏，于是主动进攻，宣布国家进入紧急状态，并拘留了18000名"国家敌人"。在此过程中，非国大和泛非大都被彻底取缔。此时本应是实施"M计划"并转入地下的良好时机，但由于有2000名非国大领导人被拘留，情况非常混乱，"M计划"根本无法展开。

叛国罪审判最终于1961年3月结束，对曼德拉和其他29名被告的所有指控都被撤销了。面对禁令、逮捕和更多莫须有罪名的不断威胁，曼德拉决定转入地下，这样才能最有效地开展工作。在含泪告别温妮后，他离开了家，进入了人生中最黑暗、最具挑战性的阶段。曼德拉从一个安全屋搬到另一个安全屋，竭力组织了一场为期三天

沙佩维尔大屠杀

在种族隔离时代的南非，通行证是白人统治下最令人痛恨的标志之一。所有黑人都必须随身携带通行证，以便随时向当局出示。1960年3月21日，非国大决定组织一场大规模的示威活动，反对通行证，然而，其分支泛非大企图抢占先机。3月21日，泛非大匆忙发起游行，虽然影响力不如非国大，但组织者同样分外努力，他们整个上午都在挨家挨户地征召人们加入这项事业。到中午时分，大约5000名示威者向约翰内斯堡以南的沙佩维尔警察局进发，他们都未携带通行证，满心等待被捕。

▲ 沙佩维尔大屠杀造成69人丧生

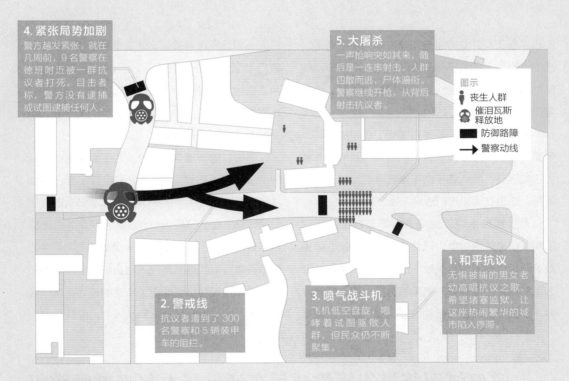

4. 紧张局势加剧
警方越发紧张。就在几周前，9名警察在德班附近被一群抗议者打死。目击者称，警方没有逮捕或试图逮捕任何人。

5. 大屠杀
一声枪响突如其来，随后是一连串射击。人群四散而逃，尸体遍街。警察继续开枪，从背后射击抗议者。

图示
- 丧生人群
- 催泪瓦斯释放地
- 防御路障
- 警察动线

1. 和平抗议
无惧被捕的男女老幼高唱抗议之歌，希望堵塞监狱，让这座热闹繁华的城市陷入停滞。

2. 警戒线
抗议者遭到了300名警察和5辆装甲车的阻拦。

3. 喷气战斗机
飞机低空盘旋，咆哮着试图驱散人群，但民众仍不断聚集。

腥风血雨之后
沙佩维尔事件造成69人死亡，180人受伤。政府非但没有承认错误，反而变本加厉，禁止所有公众集会，取缔泛非大和非国大，并通过了一项法律，好让所有警察免于民事诉讼。

然而该事件没有被忘记。1996年，曼德拉特意选择在此地签署并颁布南非第一部民主宪法。2012年，一座纪念公园竣工，园中刻有所有此次遇难者的名字。

▲ 1955年，约翰内斯堡，两名男子在躲避警察。如果被发现没有携带通行证，他们将被逮捕

的和平罢工，并安排了与南非媒体的秘密会面。然而，当罢工的日子到来之时，南非政权却以残酷的军事镇压作为回应。曼德拉被击垮了，他在罢工一天后就停止了行动。

不久后，绝望的曼德拉接受了记者的采访，他警告道："如果政府要用武力镇压我们的非暴力示威活动，我们将不得不重新考虑策略。在我看来，这是在逼迫我们放弃非暴力政策。"

对曼德拉来说，这场争取南非自由的运动不再仅仅是政治纷争，已然关乎生死之计。如果政府坚持以刺刀和机关枪来应对罢工和抗议，那么反对派将会面临异常简单的选择：要么拿起武器，要么死。非暴力运动已经达到了极限。南非白人必须摆脱自满情绪。逮捕令发出后，曼德拉被打上了不法分子的标签，但他本人却以此为荣。在他的安全屋里，他以律师的热情拥抱他新发现的战斗方式。他阅读了能找到的关于武装革命和游击战的所有书籍。

曼德拉的新战斗方式也反映了全国其他地区的情况。到1961年，泛非大已经有了自己的战斗队。曼德拉坚信，组织非国大武装分队的时机已经成熟。在公开场合，非国大不承认与游击队组织有任何联系，但武装分队根据非国大领导的指示行事，以实现战略性政治目标。业余军事指挥官曼德拉现在负责非国大新生的破坏小队"民族之矛"（Spear of the Nation），该队以缩写

政府试图将被告描绘成旨在通过暴力起义推翻政权的阴谋家。

"MK"闻名。

曼德拉招募来沃尔特·西苏鲁和他们的白人朋友、共产主义者乔·斯洛沃（Joe Slovo），三人共同担任"民族之矛"的指挥官。共产主义者对民族之矛的成功至关重要，因为他们中的许多人都参加过"二战"，拥有使用枪支和炸药的经验。另一位白人共产党盟友沃尔夫·科德什（Wolfie Kodesh）还陪同曼德拉参加了他们的第一次炸弹试验。在约翰内斯堡砖厂的深处，他们小心翼翼地引爆了一枚自制的罐头炸弹，这枚炸弹是由经验丰富的"沙漠老鼠"杰克·霍奇森（Jack Hodgson）制造的。某天，一场误诈产生

了巨大蘑菇云，尘土飞扬。曼德拉和科德什知道他们会被警察抓住，于是开着他们的48年雪佛兰，像中学生一样放肆大笑着疾驰而去。

1961年12月16日，曼德拉、斯洛沃和西苏鲁实施了一次亲自策划的破坏行动。"民族之矛"这群衣衫褴褛的步兵对军事战术知之甚少，但他们急切地想证明自己。他们发誓尽可能不杀人，但会以种族隔离制度实行最严格的机构为目标。在三次爆炸袭击中，"民族之矛"瞄准了全国各地的政府办公室。然而唯一的伤亡在"民族之矛"这方，袭击并没有引起白人民众的恐惧，但曼德拉认为这是一次巨大的成功。

▲ 叛国罪审判中被判无罪后，纳尔逊·曼德拉走出法庭

▲ 1957年，叛国罪审判休息期间，曼德拉在约翰内斯堡的屋顶上进行拳击训练

对曼德拉来说，这场争取南非自由的运动不再仅仅是政治纷争，已然关乎生死之计。

南非政权将"民族之矛"谴责为恐怖分子，而曼德拉这位活动家、律师就是"地下叛军"的指挥官。由于被悬赏通缉，他躲藏得更深，有时甚至躲到里沃尼亚偏僻郊区的利利斯利夫农场。当他会见非国大领导人和温妮时，他会乔装打扮，伪装成司机、守夜人或机修工。

在非国大领导层的支持下，曼德拉于1961年底秘密离开南非，四处寻求支持。在埃塞俄比亚举行的泛非洲自由会议上，他受到了英雄般的待遇。在伦敦，坦博恳求他逃去英美，但曼德拉坚持要与敌人正面交锋。曼德拉言出必行，他回到非洲，在埃塞俄比亚参加了为期6个月的军事强化训练营，在那里他第一次使用手枪和自动步枪，并学会了制造炸药。

在曼德拉离开期间，回到南非的泛非大已经开始指示军事部门暗杀白人，以报复政府的镇压行动，这与曼德拉和"民族之矛"的本意完全相悖。作为回应，南非议会于1962年通过了《破坏法》，规定任何政治破坏行为都是死罪，罪行再轻也无回旋之地。曼德拉知道，回到南非肯定会被逮捕，甚至被处死，但在穿越边境时，他毫不掩饰自己的身份，只是穿着军用卡其裤，留着20世纪60年代革命者的络腮胡。

正如曼德拉自己所预料的那样，1962年8月5日，在从德班前往约翰内斯堡的途中，他被警察拦截逮捕，并被指控煽动罢工和无护照出国。

▲ 曼德拉获释后首次参加非国大集会，人群欢腾

于是，他赤膊出现在比勒陀利亚法院，身着科萨土著服装，单肩披着豹皮毯。这是他一生中最令人难忘的时刻。

曼德拉坦然承认了自己的罪行，并利用这个平台发表了长达一小时的演讲，以革命民主的名义为自己的行为辩护。他被判有罪，并被判处五年监禁。在比勒陀利亚监狱服刑6个月后，曼德拉被转移到罗本岛。曼德拉服苦役的时候，警方调查人员在里沃尼亚农场抓到了"民族之矛"的其他成员。包括曼德拉在内，这些粗心大意的革命者遗漏了大量珍贵文件，留下了他们策划和实施针对政权的破坏行动及游击战的证据。

1963年10月，曼德拉从罗本岛监狱被押回比勒陀利亚法庭，接受与221起破坏活动有关的死刑指控。与他一起接受审判的还有西苏鲁和其他9名"民族之矛"成员。对他们不利的证据确凿，其中布鲁诺·姆托洛（Bruno Mtolo）的证词尤具杀伤力。他曾是非国大武装分队的一员。如今，他签订了认罪协议，供出了与曼德拉及其同谋的所有谈话。

曼德拉没有准备辩词，他发表了一生中最著名的演讲之一。"被告席演讲"持续了四个小时，曼德拉从在特兰斯凯的幸福生活说起，详细描述了他从早期的盲目民族主义转为非暴力反抗派的心态转变，以及他面对残酷压迫最终放弃非暴力原则的全过程。

曼德拉以下面这段话结束演讲："在我有生之年，我一直致力于非洲人民争取平等的斗争。我为反对白人统治而斗争，也为反对黑人统治而斗争。我一直珍藏着一个民主自由的社会理想，

▲ 1997年，曼德拉与刚果政治家伊曼纽尔·邓贾（Emmanuel Dungia）

梦想着人人都能活在一个和睦共处、机会均等的社会。我希望为这个理想而活，并尽力去实现。但如果有必要，我也愿意为这个理想而死。"曼德拉最终没有为这一理想献出生命，但在他再次作为一个自由人迈出蹒跚的第一步之前，他已为此入狱27年。他看似走得踉跄，但他步履所向的是那个正处于巨变边缘的南非，而他正是这场巨变的风暴眼。

曼德拉的监狱生涯

1. 罗本岛（Robben Island）1962—1982年

曼德拉在一间宽2.1米、长2.4米的牢房里生活，他一直睡在光秃秃水泥地板上的薄草席上。在里沃尼亚审判中，曼德拉和9名非国大同胞被判犯有破坏罪。审判结束后，这些人被送往罗本岛。这是一座偏远监狱，自16世纪中期以来一直关押政敌和普通罪犯。第一年，曼德拉每天早上5点半就被叫醒，用一桶冷水洗漱，吃一顿玉米糊早餐，然后被带到院子里，在那里他会花一整天时间把石块锤成碎石，休息时还会再吃两碗玉米糊和令人反胃的肉。院子里严禁交谈，但曼德拉被允许在晚上阅读法律条文，然后他会在40瓦裸灯泡的长明灯下睡觉。1965年，曼德拉开始在石灰采石场劳动，夏天酷热难耐，冬天严寒刺骨。采石场挂着的强光灯灼伤了他的眼睛，影响了视力。

3. 维克多·韦斯特监狱（Victor Verster Prison）1988—1990年

到达波尔斯穆监狱后，曼德拉曾抱怨监狱潮湿的环境。到1988年，他经常咳嗽，还会莫名其妙地呕吐。曼德拉被转移到一家白人医院，住在单独的楼层，接受了一次紧急手术，从肺部取出了黑色液体。这是肺结核的早期症状。南非当局担心，如果曼德拉死在狱中，他可能会成为更加高尚的殉道者，而这将引发更多的国际关注与媒体报道，因此，政府允许他在高端私人医院休养。随后，当局没有将曼德拉送回波尔斯穆，而是将他转移到了开普敦郊外的维克多·韦斯特监狱。曼德拉没有被关在牢房里，而是住进了狱警的一间私人小屋，获得了比以前更为宽敞的空间。不过，尽管有家一般的假象，也无法掩盖这里是监狱的事实。所幸，这是他最后一段牢狱生活。

2. 波尔斯穆监狱（Pollsmoor Prison）1982—1988年

尽管罗本岛的劳动强度更大、条件更恶劣，但对于被转移到大陆上现代化的波尔斯穆监狱一事，曼德拉最初是失望的。在罗本岛上的那些年里，曼德拉与其他囚犯和狱警结下了深厚的友谊，他非常怀念波尔斯穆监狱的铁门和封闭牢房所无法带来的新鲜空气和友情。但牢狱条件确实有重大改善。曼德拉与沃尔特·西苏鲁等3位好友一起被转移至此，4人共住一房，这里有单独的阅览室，还有电视机。后来，管理者允许他们每天在屋顶上待一段时间。曼德拉还说服监狱长给他铁桶和泥土，好让他在屋顶上种菜。

自由之路：曼德拉何以获释

自由节 1988 年 6 月 11 日

1988 年，全世界超过 10 亿人收看了一场长达 11 小时、明星云集的音乐会，一同庆祝曼德拉 70 岁生日。现场表演者包括当时最著名的流行歌星和非洲音乐家。在伦敦温布利体育场，托尼·霍林思沃斯（Tony Hollingsworth）和英国反种族隔离运动（the British Anti-Apartheid Movement）带头组织了这次活动，但这

场活动充满坎坷。起初，音乐家们拒绝参与，纷纷表示除非活动邀请的都是一线艺人，他们才愿意出席。好不容易预定完演出，霍林思沃斯又不得不在非国大领导人和西方广播公司之间周旋，前者要求举办一场充满政治色彩的活动，而后者则希望消除种族隔离元素。最后，音乐会被宣传为庆祝曼德拉生日的自由集会，且禁止进行政治演讲。但无论如何，这场活动意义重大，推动了反种族隔离运动走向世界。

其他反抗力量

20 世纪 70 年代和 80 年代

对南非人来说，曼德拉的入狱象征着种族隔离制度对黑人压迫的加剧。随着曼德拉开始被认为是政治犯，他的形象也被一些意图推翻种族主义政权的组织所引用。南非学生运动等团体发起大规模抗议和罢工行动，如 1976 年的索韦托事件，该事件旨在反抗强行规定黑人学生在学校学习南非荷兰语的法令。在镇压起义过程中，警察枪杀了 23 名抗议学生。工会是另一股内部抗争力量，尤其在 1979 年黑人工会合法化之后，其地位再度上升。工会可以有效填补被禁政治组织留下的空白，而且由于集会地点在工厂内，还不受《公开集会法》的约束。此外，教会和宗教联盟也是一股强大的反种族隔离力量。英国圣公会主教德斯蒙德·图图（Desmond Tutu）以南非教会理事会秘书长的身份领导了这股力量，他于 1984 年获得了诺贝尔和平奖。一些南非白人也团结起来反对种族隔离。在 20 世纪 70 年代和 80 年代的议会选举中，15% 至 20% 的白人将选票投给了进步党，这是当时南非唯一一个反对种族隔离的政党。

曼德拉被监禁期间

● 维尔沃德遇刺

种族隔离制度的缔造者、南非总理亨德里克·维尔沃尔德在议会被暗杀。
1966 年 9 月 6 日

● 释放曼德拉运动

仍在流亡中的非国大主席奥利弗·坦博发起了一场国际运动，要求释放曼德拉。约翰内斯堡的《星期日邮报》随即登载了一份公众请愿书，上面附有数十个南非反对派的签名。
1980 年 3 月 9 日

● 肯尼迪来访

美国参议员爱德华·肯尼迪（Edward Kennedy）是总统约翰·肯尼迪（John Kennedy）和司法部长罗伯特·肯尼迪（Robert Kennedy）的弟弟，他访问南非，会见温妮·曼德拉和 1984 年诺贝尔和平奖得主德斯蒙德·图图等反种族隔离的领袖。
1985 年 1 月

1966 　1970 　　1975 　　　　1980 　　　1981 　　　1982 　　　1983

▲ 索韦托起义

20000 名学生走上街头，对课堂教学强制使用南非荷兰语和英语表示抗议。全副武装的防暴警察杀害了数百人，其中大部分是青少年。
1976 年 6 月 16 日

● 第一位政治犯获释

布雷滕·布雷滕巴赫（Breyten Breytenbach）是一位被判定犯有叛国罪的白人反种族隔离活动家。在一场大规模的国际运动后，他从终身监禁中提前获释。此时，博塔政府开始重新评估其对政治犯的严格政策。
1982 年 12 月 2 日

经济制裁

1986 年

联合国很早就公开反对种族隔离，并于 1963 年呼吁所有成员国停止向南非运送武器、弹药和军用车辆。然而，进一步经济制裁的呼吁遭到了抵制，尤其是来自与南非政权有着长期政治和经济联系的美国和英国。英国首相玛格丽特·撒切尔（Margaret Thatcher）将非国大及其支持者称为"恐怖分子"。20 世纪 80 年代，电视新闻对种族隔离抵抗运动的报道越来越多，许多美国公司、学院和大学都撤回了投资。最具破坏性的经济打击发生在 1986 年，当年美国国会通过了《全面反种族隔离法案》。总统罗纳德·里根（Ronald Reagan）提出否决，声称此法伤害了美国试图帮助的人民，但国会以多数票推翻了他的否决。南非经济每年损失数亿英镑的全球投资，直到 1991 年制裁被废除才恢复正常。

弗雷德里克·威廉·德克勒克（F W de Klerk）

1990 年 2 月 2 日

德克勒克在就任南非总统后首次向议会发表讲话，解禁非国大和其他反对派组织，并宣布释放曼德拉，这令他的支持者和批评者感到震惊。非国大本没料到德克勒克会成为盟友。他出生于南非国民党家庭，以老派南非白人政治家的身份闻名，成长于这样背景的他竟能看见种族隔离制度的不可持续性。德克勒克最初支持"班图斯坦计划"，但他也承认白人不该占有如此多的土地。随着制裁的加强和全球政治的变化，南非正面临被全球经济孤立的威胁，他认为拯救国家的唯一途径是重建一个开放的民主社会。1993 年，为表彰其在结束种族隔离方面的贡献，他与曼德拉共同获得诺贝尔和平奖。

▶ 呼吁释放纳尔逊·曼德拉的示威人群

● 美国的制裁

由 13 名美国国会议员组成的代议团通过了一项旨在削弱南非经济的全面制裁法案。美国总统里根试图否决，但失败了。

1986 年 7 月

● 曼德拉的导师获释

在接替博塔一个月后，南非新总统德克勒克释放了曼德拉的政治导师沃尔特·西苏鲁和其他 7 名罗本岛著名囚犯。这表明，南非政府意识到该国目前的局势已无法维持，他们不得不重新接纳非国大。

1989 年 10 月

1985　　　1986　　　1987　　　1988　　　1989　　　1990

库切会见曼德拉

在曼德拉前列腺手术恢复期间，司法部长科比·库切（Kobie Coetsee）前往医院探病。他们开始商讨折中方案，非国大承诺放弃暴力，以换取放宽种族隔离法律的限制。

1985 年 8 月 15 日

曼德拉和博塔一起喝茶

这位世界上最著名的囚犯从后门溜进总统官邸，与博塔喝茶聊天。博塔为曼德拉端茶倒水，这在种族隔离的南非是一项非凡的举动。和平之路由此开始。

1989 年 7 月 5 日

德克勒克解除对非国大的禁令

在与曼德拉进行了数月秘密谈判后，南非总统德克勒克在议会发表讲话，呼吁立即解除对非国大的封锁，结束紧急状态并释放纳尔逊·曼德拉。

1990 年 2 月 2 日

曼德拉获释

1990 年 2 月 11 日

下午 4 点，成千上万狂喜的支持者挤满了维克多·韦斯特监狱外的小广场。曼德拉自 1988 年以来一直被关押在这里，众人都想一睹"国父"风采，但几乎没有人知道他现在的相貌。现年 71 岁的曼德拉已经 27 年没有照过相了，这种未知感为他增添了传奇色彩。随后，一个高大、庄严的身影穿过监狱大门，走进夏日南非的烈日之下，他头发花白，身着一套整洁的灰色西装。起初，曼德拉有些不知所措；在经历了近 30 年的孤独之后，他被推到了聚光灯下，受到了全世界数百万人的关注。接着，曼德拉一只手紧握着温妮的手，另一只则举起向非国大致敬。众人欢呼沸腾。曼德拉笑了，他在成为南非第一位黑人总统的道路上已经迈出了坚实的一步。

图片所属